인문학의 성찰과 전망

인문학의 성찰과 전망
인문학, 현재의 위기에서 과거를 돌아보고 미래를 묻다

2018년 9월 28일 초판 1쇄 인쇄
2018년 10월 5일 초판 1쇄 발행

지은이 김현진 박훈 신혜경 이석재 이영목 임호준 정병설 주경철
편집 박보람 김두완
디자인 전용완
마케팅 이종배
펴낸이 윤철호
펴낸곳 (주)사회평론

등록번호 10-876호(1993년 10월 6일)
전화 02-326-5845
팩스 02-326-1626
주소 서울시 마포구 월드컵북로12길 17
이메일 editor@sapyoung.com
ISBN 979-11-6273-020-1 03300

* 책값은 뒤표지에 있습니다.
* 사전 동의 없는 무단 전재 및 복제를 금합니다.
* 잘못 만들어진 책은 구입하신 서점에서 바꾸어 드립니다.

* 이 책의 출간은 2017년 서울대학교 인문대학 인문학 '학술총서 출간' 지원사업의 지원을 받았습니다.

**인문학,
현재의 위기에서
과거를 돌아보고
미래를 묻다**

서울대학교
인문학미래포럼

김현진
박훈
신혜경
이석재
이영목
임호준
정병설
주경철

사회평론

차례

서문
세상의 변화 속에서 고독할 자유를 찾다
7

임호준 　**대학 현장에서 느끼는 한국 인문학의 위기와 기회**
17

주경철 　**우리 인문학의 무기력증을 넘어**
49

이석재 　**철학은 왜 하는가?**
71

이영목 　**서울대학교의 '제2외국어' 교육에 관한 소고**
91

박훈 　**역사서술과 역사인식**
115

김현진 　**로그르 왕국의 관습과 로맨스 문법: 서양 중세 문학의 현재, 그리고 미래**
135

정병설 　**탈민족주의 시대 한국학의 방향과 과제: 한국문학 연구를 중심으로**
171

신혜경 　**인문학의 오늘과 미학의 내일**
191

서문
세상의 변화 속에서 고독할 자유를 찾다

오늘 우리에게 인문학은 어떤 의미인가? 인문학은 어떤 효용을 가지는가?

지금까지 관습적으로 들어온 답변은, 문·사·철(文史哲)이야말로 인간의 덕성을 함양하고, 모든 학문에 필수적인 기본 능력을 길러주기 때문에 그 자체로서 드높은 가치를 지닌 고귀한 분야라는 것이다. 물론 틀린 말은 아니다. 그렇지만, 이제 사람들은 그처럼 막연하게 듣기 좋은 답에 만족하지는 않는다. 하루가 다르게 변화하는 이 세상에서 인문학이 구체적으로 어떤 기여를 할 수 있는지를 묻는다. 과연 인문학의 존재 이유가 무엇이란 말인가?

근자에 우리는 인문학과 관련해서 기이할 정도로 모순적인 상황을 목도하고 있다. 한편으로 학생들은 취업에 도움이 되지 않아 보이는 인문학 과목을 멀리하고, 대학원 진학자 또한 대폭 줄어 이대로 가면 조만간 학문후속세대가 단절될지 모른다는 '위기'를 느낀다. 그러나 다른 한편, 인문학이 마치 경제성장에 필수적인 심원한 아이디어의 원천으로 부각되기도 하고, 때로 삶에 지친 피곤한 영혼들에게 따뜻한 위로를 주리라는 기대감을 받기도 하여 각종 인문학 강좌에 사람들이 넘쳐나는 '열풍'도 감지된다. 이런 상황에서 과연 인문학이 미래 세계에 어떤 임무를 맡아야 하는지 인문학자들 스스로 질문을 던지지 않을 수 없다.

지난 역사를 되돌아보면 인문학이 즉각적인 효용성을 목표로 하지는 않는다는 점은 쉽게 알 수 있다.

인문학의 기원은 중세 유럽 대학까지 거슬러 올라간다. 중세 대학에서 가르치는 소위 '7가지 자유학예'(septem artes liberales), 곧 수사학·문법·논리학·천문학·음악·기하·산수 등은 오늘날 인문학과 기초 과학을 아울러 가리키는 자유교육(liberal education)의 시조에 해당한다. 중세 대학은 '자유로운 사람들'(free men)에게 필요한 지식을 제공했다. '자유롭다'는 것은 생계유지에 필요한 노동으로부터 자유롭다는 의미이니, 결국 사회 상층 사람들을 가리킨다. 이런 지식은 생계유지에 필요한 직업 기술(mechanical arts)과 반대되는 개념이다. 애초부터 인문학은 생계에 직접 도움을 주는 학문이 아니었던 것이다.

인문학이 인간의 덕성과 능력을 키워주는 학문이라는 생각은 르네상스 시대에 본격화되었다. 문법, 수사학, 시, 윤리학, 역사를 연구하고 가르치는 인문주의자(humanist)들은 자신들의 학문 활동을 통해 중세의 어둠을 걷어내고 새로운 시대를 연다고 믿었다. 고전 텍스트를 수집하고 연구하여 그 기초 위에서 인간과 세계를 심층적으로 이해할 수 있다고 생각했다. 그런데 거기에 왜 '인간'(human)이라는 말이 들어가는가? 인간이 인간답게 되려면 인문적 교양, 곧 올바른 사고와 올바른 언어가 있어야 하기 때문이다. 이런 공부를 통해 인간은 완벽을 향해 나아갈 수 있다. 이들의 주장에 따르면 모든 인간의 본성은 완벽의 가능성을 안고 있지만, 오직 인문주의자들만 진정으로 인간적(truly human)이다. 이 점에 대해 르네상스 시대의 학자 베르제리오(Pietro Paolo Vergerio)는 이렇게 말한다.

자유인에게 적합한 공부를 우리는 자유 연구라 칭한다. 그 연구를 통해 우리는 덕성과 지혜를 얻고 행한다. 그 교육은 고귀한 몸과 마음의 최고 재능을 불러오고 연습시키고 발전시킨다. 저속한 성정에는 이익과 쾌락만이 삶의 중요한 목적이지만, 고귀한 성정에는 도덕과 명성이 목적이다.

르네상스의 학문적 이상은 18-19세기 영국 대학에 그대로 전해졌다. 이곳에서 교육을 받을 수 있는 사람은 부유한 귀족 자제다. 이들이 배우는 기예는 높은 신분에 걸맞은 학문과 예술이지, 생계를 위한 직업 기술과는 거리가 멀었다. 그리고 어쩌면 이들에게는 학과 공부보다도 그들 간 교제(sociability)가 더 중요했다. 후일 사회를 이끌 엘리트가 될 사람들끼리 대학에서 미리 사귈 필요가 있기 때문이다. 옥스퍼드와 케임브리지 대학은 학생들에게 '정신의 힘'을 훈련시키는 것을 사명으로 삼고, 이 목적에 맞는 커리큘럼을 준비했다.

곧 이런 교육에 대한 비판이 제기되었다. 산업화가 진행되어 사회와 경제가 총체적으로 바뀌고, 민주주의의 요구가 갈수록 강해지는 때에 대학 교육 또한 그런 흐름에 조응해야 하지 않겠는가? 그러나 옥스퍼드나 케임브리지 대학의 교육 내용은 그와는 거리가 멀었다. 영국 대학들이 견지한 태도는 지도자의 자질을 길러주기 위해 일반교육(general education)을 제공한다는 것이다. 전문적인 한 분야의 지식을 깊이 가르쳐서 쓸모 있는 전문가들을 양성하기보다는 보편지식(universal knowledge)을 가르쳐야 한다는 아이디어다. 이런 교육은 여전히 지적이고 아카데믹하지 실제적이고 직업적(professional)이지는 않다. 결과적으로 이 교육은 유용한가? 그들은 이렇게 말한다. '순전히 유용하지는 않지만 그럼에도 유용하다'(not purely useful, nonetheless useful). 말하자면 배움과 지식은 그 자체로서 유용하다는 예전의 가치를 고수하고 있다.

　　　　그렇지만 사회의 요구에 배치되는 이런 구식 가치는 조만간 비판의 대상이 되지 않을 수 없었다. 충격은 독일 대학에서부터 전해져 왔다. 독일 대학들은 산업 발전에 필요한 새로운 지식의 생산 기지 역할을 하고 있었다. 과거로부터 전해오는 고귀한 텍스트를 충실하게 공부하기보다는 오히려 거기에 과감히 도전하고 새로운 진리를 발견해낸다는 것이 독일 대학의 태도였다. 대학과 관련하여 '자유'를 말할 때 이전에는 생계유지를 위해 일해야 하는 필요로부터 자유롭다는 의미였던 반면, 이제 독일에서는 자유롭게 새로운 질문을 제기하는 것을 의미했다. 대학은 박물관이 아니라 역동적인 지식 생산 장소여야 한다. 그러려면 결국 전문화가 필요하고, 학문이 분과(分科)로 나뉘어야 한다. 자유교육 역시 지식의 발전이라는 근거 위에 서야 한다. 이제 인문학 담당 교수들로서도 연구 성과를 창출하는 것이 갈수록 중요해졌다.

　　　　이 흐름을 이어받고 더 발전시킨 곳이 미국 대학들이다. 미국의 연구 대학들은 유럽의 대학보다도 더 실용적 성격이 강했다. 이곳은 아예 외부의 기금 지원을 받아 과학 발전을 이루어 국가 경제 성장에 도움을 주는 것을 중요한 목표로 삼았다. 동시에 민주주의의 발전을 위해 필요한 인재를 양성하기 위해 인문학을 폭넓게 가르치고자 했다. 이에 호응한 국가와 지방정부의 재정 지원 그리고 시민들의 기부금 덕분에 미국 대학들이 크게 성장했다. 특히 20세기 중엽부터 민주주의의 진전을 위해 사회적 유동성을 더 강화시키기 위해 고등교육을 일반 대중에게까지 확산하려는 정부 정책 덕에 대학 입학생이 크게 늘었다. 이상적으로 말하면 이 변화는 토크빌이 『미국의 민주주의』에서 말한 내용과 상응하는 듯 보인다.

시정(詩情), 웅변, 기억력, 온유한 마음, 불같은 상상력, 심오한 마음, 그리고 하늘께서 자연 그대로 뿌려놓은 모든 재능은 민주주의를 위해서 유리하게 작용했다. … 문명과 지식의 영역이 넓어지면서 민주주의 영역도 늘어났다. 또한 문학은 가난한 자와 약한 자가 매일매일 무장을 갖출 수 있는, 만인에게 개방된 병기고(兵器庫)가 되었다.*

지금까지 주로 엘리트를 대상으로 삼던 인문학은 근본적인 변화를 고려하지 않을 수 없었다. 그런 과정에서 지난 수십 년간 국가와 사회의 지원을 통해 인문학이 크게 성장한 것 또한 사실이다.

오늘날 또 다른 변화의 물결이 세상을 바꾸고 있다. 도도한 신자유주의 흐름 속에서 미국 대학들은 돈을 대는 국가의 정책에 좌우되고 기업의 눈치를 보지 않을 수 없게 되었다. 외부의 지원은 줄고 학비가 오르자 많은 대학생들이 거액의 빚에 시달리고 있다. 이런 상황에서 제일 먼저 타격을 받는 분야는 인문학이다. 새 시대의 전문가들은 마음 가득 시심(詩心)을 품고 일하는 게 아니라 새로운 경제 질서가 요구하는 능력을 필요로 하게 되었다. 과학 기술이 세상을 변혁시키는 힘의 원천으로 확고하게 자리 잡았다. 이런 상황에서 도대체 인문학을 배우는 것이 무슨 소용이 있단 말인가. 공학과 자연과학의 상승에 반비례하여 인문학 분야는 쇠퇴의 찬바람을 맞아 과거의 영화를 잃어간다. 인문학은 이대로 사멸할 것인가?

그렇게 단정하기 전에 실상을 조금 더 면밀하게 살펴

* 알렉시스 드 토크빌, 임효선·박지동 옮김, 『미국의 민주주의 I』, 한길사, 1997, p. 6.

볼 필요가 있다. 사실 우리는 지금까지 마치 인문학이라는 하나의 동질적인 분야가 존재한다는 듯 이야기해왔지만 실상 인문학이라는 이름 아래 매우 다양한 분야들이 존재한다. 그 가운데 어떤 분야가 왜 쇠퇴하는지 살펴볼 필요가 있다.

다시 미국 대학의 경우를 생각해 보자. 소위 '순수' 인문학 분야는 백인 중상층 계급의 지위 유지와 관련이 깊다. 이런 분야는 새로 떠오르는 기술 및 사회과학 분야와 달리 당장 사회에 나가서 일할 때 쓸 수 있는 최신의 지식과 정보를 장착해주지는 않는다. 오히려 그렇기 때문에 역설적으로 높은 가치를 지닌 것으로 받아들여졌다. 대개 백인 중산층 자녀들이 6만 불을 내고 입학하는 최고의 대학에서 1학년 신입생들에게 제공되는 과목들이야말로 순수한 자유교육의 정수다. 이곳이 흔히 인문학의 최고봉이고, 어쩌면 인문학의 마지막 보루일 수도 있다. 이런 고상한 인문 교육을 받으며 성장하는 사람들은 그곳에서 최상의 파트너를 만나고 다시 사회 상층으로 올라간다. 회사나 정부, 기업의 등의 최상위 직급을 차지하는 사람들이 바로 이런 대학 출신들이다. 이들은 말하기와 글쓰기 기술을 연마하고, 이 서클 안에서 흥미로운 주제들로 토론하여 그들만의 매너, 정치적 견해 등을 공유한다. 말하자면 순수 인문학 혹은 자유교육 분야는 최상층 엘리트의 교육 및 재생산을 위해 주로 복무해왔다는 비판에서 벗어나기 힘들다. 시대가 변하면서 그런 기능이 정당성을 인정받지 못하게 되었고, 결국 사회의 지지를 잃어가는 것이다.

미국의 상황이 그대로 한국 사회에 적용되는 것은 아닐 것이다. 우리의 인문학이 전적으로 계급적 이해를 지켜왔다고 할 수는 없다. 사회적 유동성이 매우 강하고, 평등 의식이 유독 강한 우리 사회에서 다른 나라, 다른 시대 같으면 대귀족이나 부르주아에게 한정되었을 고상한 인문교양교육을 더

서문

넓은 층에 확산시켜 오히려 민주화에 공헌한 측면이 강하다. 실력을 갖춘 인재를 사회에 제공하면서도 동시에 비판적 성찰을 통해 우리 사회가 지켜야 할 높은 가치를 제시했다는 것이 우리 인문학이 그동안 누려왔던 위엄의 근거였을 터이다. 그렇지만 그런 순기능을 점차 상실해가면서 위기에 봉착하게 되었다. 갈수록 중산층 자녀들이 더 많이 들어오면서 우리 대학 또한 의도치 않게 신분의 대물림을 돕는 것은 아닐까? 우리 사회가 안고 있는 문제들에 대해 중요한 성찰을 제공하고 시민들이 논의할 어젠다를 제시하는 기능을 잃어가는 것은 아닐까? 우리가 길러주는 인문학적 소양이 단순히 인간의 내면을 고상하고 아름답게 꾸며주는 외에 현대 사회에서 필요로 하는 능력을 배양하지 못하는 건 아닐까?

사회의 거대한 변화로 인해 고상한 세계가 스러져 간 사례들은 이전에도 많았다. 조선시대의 양반문화, 중세 유럽의 스콜라 철학, 명예를 지상 최고 가치로 지켰던 서구 귀족 세계, 계몽주의 시대의 '문필공화국' 등은 한 시대를 풍미하다가 결국 쇠락하지 않았던가. 현재 위축되고 있는 인문학 세계 역시 마찬가지다. 그동안 인문학자들이 강조하고 만들어온 세계, 다른 사람들 역시 이런 삶을 살았으면 하는 어떤 소중한 세계가 분명 있었다. 그렇지만 그것이 절대적으로 필요하다고 강변할 수만은 없다. 엄청난 변화의 물결 앞에 아무런 대응을 하지 못한다면 인문학자들이 아무리 처연한 비명을 지르며 자기 방어를 하려 한들 전혀 먹혀들지 않는다.

사회와 국가가 돈을 대주고 인문학계를 지탱해왔는데, 거기에 값하는 어떤 재화와 서비스를 제공하느냐고 묻는다면 답하기가 쉽지는 않다. 아마도 앞서 이야기한 답을 반복할 수밖에 없을 것이다. 인간의 덕성을 함양하고, 모든 학문에 필수적인 기본 능력을 길러주는 역할을 한다는 것이다. 인문학이 우리 사회가 필요로 하는 매우 소중한 가치를 제공한다는 말 또한 괜한 주장은 아니다. 사실 대부분의 대학 교육 과정에서 인문학의 기여는 여전히 지대하다. 서울대학교만 해도 교양과정과 전공과정의 인문학 과목 개설 현황을 보면 양적(量的)으로 줄어든 것은 결코 아니다. 인문학적 소양에 대한 수요가 워낙 크기 때문이다. 인문학 내의 여러 분야마다 새로운 연구가 착실히 진행되는 것 또한 사실이다. 바깥에서 보기에는 늘 비슷한 말을 반복한다고 생각할지 모르지만 실제로는 끊임없이 새로운 분야가 개척되고 있다. 젠더 연구, 포스트콜로니얼리즘, 박물관학, 혹은 빅데이터를 활용한 전산언어학 연구나 기능적자기공명영상(fMRI) 기기를 사용하는 어문학 연구처럼 새로운 방법론을 이용한 새로운 주제들이 많이 등장했다.

      이런 복잡 미묘한 상황에서 서울대학교 인문대 교수들 몇 명이 모여 허심탄회하게 대화를 나눌 기회가 만들어졌다. 인문대 학장이신 이주형 교수께서 인문학이 현재 어떤 상태이며, 앞으로 어떤 역할을 할 수 있는지 교수들이 먼저 대화를 통해 해결책을 모색해보는 게 어떻겠냐고 제안하신 것이다. 그 덕분에 작은 연구 팀이 만들어졌고, 문사철 각 과의 교수들이 모여 스스럼없이 의견을 교환했다. 모두 각자 자신이 처해 있는 위치에서 하고 싶은 이야기를 하기로 했다. 인문학은 이제 무엇을 해야 하는가 하는 문제의식을 공유하면서도 각자 다른 목소리로 이야기를 하는 것도 그 때문이다. 때로 중세 사랑의 문법과 비교하며 현재 우리 사회에 널리 퍼져 있는 사랑의 양식에 대해 농밀하게 이야기하고, 때로 작금 사회에 떠도는 역사 내러티브가 얼마나 사람들을 오도하는지 따져 묻고, 때로는 외국 언어와 문학 공부가 도대체 어떤 가능성을 안고 있는지 살펴보았다. 인문학자 자신에 대한 반성을 촉구하는 글도 있고, 우리 민족과 세계 간의 관계에 대한 호방한 탐사를 시도하는 글도 있다. 우리는 인문학이 당장 눈에 보이는 작은 실용성을 위해 존재한다고 생각하지는 않는다. 사회를 비판적으로 성찰하면서 우리 사회가 논의해야 할 중요한 의제를 제기하는 것이 우리 스스로 부과한 책무라고 생각한다. 고급 지식과 정보를 창출하며, 지적·정서적으로 높은 능력을 갖춘 인재를 키워낸다는 자부심 또한 잃지 않았다. 그러므로 섣불리 몰락의 위기를 거론하면서 애처로운 하소연을 하지는 않기로 했다. 그렇지만 누구도 범접하지 못하는 상아탑 속에 안거하며 스스로를 위로하고만 있어서도 안 된다는 점 또한 깨달았다. 민족의 범위를 넘어 과감하게 세계를 성찰해야 하며, 변화의 중요한 동력원인 과학 기술 분야와도 손잡고 공동의 연구를 할 필요도 새삼 느꼈다. 세상이 변하니 그 세상에 대해 성찰하는 인문학도 변하지 않을 수 없다. 변하는 세상의 중심을 잡아보려는 노력이 우리의 몫이다. 인문학은 세상의 변화에 동참하면서도 거리를 두어야 마땅하다. 우리는 여럿이 함께 대화하면서도 각자 고독의 자유를 누리고자 한다.

주경철

대학 현장에서 느끼는
한국 인문학의 위기와 기회

임호준

한국 대학의 인문학 전통과 최근의 위기

일제 강점기와 해방, 그리고 전쟁으로 점철된 격동의 현대사 속에서 태어난 한국의 대학은 긴 역사를 지닌 서양의 대학에 비해 특이한 성격을 갖게 되었다. 신분제가 철폐되고 전쟁의 잿더미 속에서 모두가 가난하던 시절, 대학은 교육기관의 성격을 넘어 신분을 결정짓는 새로운 기준으로 인식되었다. 뿌리 깊은 사농공상(士農工商)의 전통 아래 글을 읽고 공부를 하면 누구나 선비가 될 수 있다는 생각은 대학에 대한 높은 선망을 가져왔다. 그러다보니 전쟁 이후 베이비붐 세대의 교육열은 대단했고, 좋은 대학에 가기 위한 대학 입시는 과열되지 않을 수 없었다. 학문을 배우는 것은 인격도야의 길이라는 인식이 있어 이른바 '배운 사람'은 교양과 인품도 훌륭하고, 반대로 '못 배운 사람'은 단지 무식한 것뿐만 아니라 행동양식도 천하다는 믿음이 통용되고 있었다. 이것은 학문은 곧 사람의 지혜롭고 바른 행실을 배우는 것이라는, 사서삼경(四書三經)을 비롯한 동양적 전통의 발현이기도 했다.

  해방과 전쟁을 거치면서 사회의 각 분야에 미국식 제도가 도입된 것처럼 미국식 대학 모델이 초기 한국 대학에 많은 영향을 주었다. 그리하여 인문학을 중심으로 하는 '교양교육'(liberal education)이 커리큘럼의 중요한 부분을 차지했다. 미국식 교양교육이 중요하게 부각된 것은 공부를 통해 인격을 도야하고자 했던 동양의 오래된 전통이 영향을 준 것으로 보인다. 미국 대학의 교양교육 모델과 동양의 오래된 학문전통이 결합하여 1960-1980년대 한국 대학에서 인문대가 포함된 문리과대학(College of Arts and Science)은 대학 본연의 단과대학으로 인정받았다. 전체 커리큘럼에서 교양교육의 비중 또한 상당했다.

  예를 들어 1975년 서울대에서 문리과대학이 해체된 후 인문대학, 사회과학대학, 자연과학대학은 각각 1, 2, 3번의 학번 순서를 부여받았다.[1] 그리고 졸업에 필요한 140학점 중에서 전공이수 의무학점은 63학점이었기 때문에, 학생들은 전공보다 더 많은 과목을 교양과목으로 수강하곤 했다. 비록 부실하게 운영되는 교양 수업도 많았지만 전공 수업에 비해 대학의 설립이념을 일깨워주는 명강들도 많았다. 인문학 교수들은 정치·사회 문제에 적극적으로 발언하며 사회의 지성으로서 존중받았고, 학생들도 철학책이나 문학책을 끼고 다니며 술자리에서 사회현실을 토론하곤 했다. 서울대를 비롯한 여러 대학에서 지금도 인문대학이 단과대학 서열에서 맨 윗자리를 차지하고 있는 것은 이러한 전통이 아직 남아 있기 때문이다.

  그러다 1990년대부터 대학의 분위기가 급격히 바뀌었는데 여기에는 크게 두 가지 이유가 있다. 첫째는, 대학생들의 취업이 점점 힘들어지면서 직업훈련의 장으로 대학의 기능이 변화되었다는 점이다. 사실 이전 시기에 대학의 분위기가 낭만적으로 흐를 수 있었던 데는 경제 팽창기에 주어진 많은 일자리가 큰 몫을 했다. 대학만 졸업하면 누구에게나 비교적 쉽게 일자리가 주어졌기 때문에, 골치 아픈 전공 수업을 피해 학점에 신경 쓰지 않고 흥미로운 교양과목을 수강할 수 있었다. 하지만 경제 성장이 둔화된 데다 대학은 대폭 증가하여 대학 졸업생들에게 사무직 일자리가 보장되던 시대가 끝나자 학생들은 졸업 후를 걱정하며 학점을 관리하기 시작했고, 안정적인 장래를 위해 각종 시험을 준비하는 학생이 폭발적으로 증가하게 되었다. 도서관은 고시생으로 넘쳐났고, 이들에게 대학의 교양수업은 학점만 채우면 되는 거추장스러운 방해물에 불과했다.

둘째로, 1990년대에 접어들어 한국 사회의 민주화가 급진전된 것 또한 대학 분위기가 바뀌는 데 결정적으로 작용했다. 이전에 대학생들 사이에선 사회문제에 관심을 갖지 않고 진로 준비에만 열중하는 것을 부정적으로 보는 시각이 많았다. 그런 분위기 속에서 학생들은 자발적으로 학회를 구성해서 사회과학의 고전들을 읽고 시위에 참여하기도 했었다. 하지만 외형적인 민주화가 이루어지자 그런 분위기는 점점 사라지게 되었고, 대학생들은 사회적인 이슈보다 개인의 안위에 더 관심을 갖게 되었다.

그러다 2000년대에 접어들어 한국 대학은 근본적인 위기 상황에 직면하게 되었다. 1980, 90년대에 무분별하게 인가된 대학들은 학령인구가 감소하기 시작하면서 학생 유치에 어려움을 겪는 곤란한 상황에 처하게 된 것이다. 그나마 최근까지는 정원을 조금씩 줄여가며 그럭저럭 버틸 수 있었지만, 세계 최저의 출산율로 인한 인구절벽으로 학령인구가 급격하게 감소하면서 많은 대학이 존폐의 기로에 놓이게 되었다. 2018년을 기점으로 대학정원보다 고교 졸업자 수가 더 적어지게 되었고 이후로 급격하게 떨어지기 때문에, 우리나라 대학에 대한 대규모 구조조정은 불가피하게 되었다.

구조조정을 위해서는 기준이 필요했고 이에 따라 대학평가가 실시되었다. 평가에는 여러 항목이 있지만 가장 중요하게 고려된 것은 취업률로서 졸업생의 취업률이 가장 낮은 인문계열 학과들이 가장 먼저 정원감축을 위한 통폐합의 대상이 되었다. 〈표 1〉의 통계에서 보듯 대학 2003－2013년의 한국 대학의 구조조정의 국면에서 학과 통폐합의 대상이 된 것은 인

〈표 1〉 2003년 대비 2013년 대학 학과 수 및 입학정원 변동 현황 (대계열별)

대계열	학과수				입학정원			
	2003년	2013년	증감	증감율	2003년	2013년	증감	증감율
인문계열	1574	1548	-26	-1.7	47032	44817	-2215	-4.7
사회계열	2272	2543	271	11.9	86173	88398	2225	2.6
교육계열	536	643	107	20.0	14760	16309	1549	10.5
공학계열	2182	2475	293	13.4	86317	84560	-1757	-2.0
자연계열	1502	1671	169	11.3	45383	43542	-1841	-4.1
의학계열	329	624	295	89.7	10699	21433	10734	100.3
예체능계열	1147	1622	475	41.4	36676	41921	5245	14.3
합계	9542	11126	1584	16.6	327040	340980	13940	4.3

국공사립 일반대학 대상 (한국교육개발원, 교육통계서비스, 각 연도.)

문계열이었다. 인문계열을 제외하고 학과 숫자가 줄어든 계열은 전혀 없다. 10년 동안 인문계열 학과 숫자가 26개 줄었고 학생입학정원은 4.7% 줄었다. 자연계열의 경우엔 학생입학정원은 4.1% 줄었지만 학과 수는 오히려 169개나 늘었다.

    문제는 이렇게 교육부의 주도로 대학 구조조정이 진행되면서 대학 본연의 정신은 잊히고 오로지 직업학교로서의 대학의 기능만이 평가받게 되었다는 점이다. 4차 산업혁명 시대를 맞아 첨단 기술과 지식을 익히는 것이 국가 경쟁력을 높이는 길이고 이것이 대학의 마땅한 역할이라고 정치가들과 관리들, 심지어는 대학 교수의 일부가 생각하고 있다. 역사학과 철학을 전공하는 것은 가치 있는 일이긴 하지만 요즘 같이 기술이 급변하는 시대에 개인이나 사회를 봐서 너무 한가한 일이라고 생각한다.

    2016년 교육부가 3년간 6000억 원의 예산을 마련하여 대학 구조조정을 위해 내놓은 '산업연계 교육 활성화 선도대학 사업'(PRIME, Program for Industrial needs-Matched Education) 사업의 명칭만 봐도 의도는 명징하다. 이 사업은 요강에서 "학생 중심의 교육개혁을 위한 자율성과 유연성을 대학에 부여"하는 것을 원칙으로 한다고 밝히지만 사실은 취업에 불리한 인문·사회계열의 정원을 산업계의 수요에 맞춰 이공계로 조정하는 것을 목표로 한다. 이런 의도는 일견 타당해 보이지만 이공계 일자리 역시 공급초과 현상을 겪고 있다는 것과 사회수요에 맞는 학생을 길러내는 것이 대학의 목표로 보일 수 있다는 점에서 우려스럽다. 또한 산업수요라는 것은 언제든 변하기 마련이다. 요즘 같이 산업의 패러다임이 5년, 10년 안에 바뀌는 시대에 대학이 기업에서 당장 써먹을 수 있는 기술을 가르쳐주는 것이 목표가 될 수 있겠는가. 오히려 인문학, 자연과학 등 기초학문의 토대를 충실하게 다져놓는 것이 불확실한 미래에 대비하는 가장 현명한 길일 수 있다.

　　　　PRIME 사업에서 한 걸음 더 나아가 교육부는 국내 대학 인문학 관련학과의 성격을 바꿔놓기 위해 '대학 인문역량 강화사업'이라는 코어(CORE) 사업을 시행하고 있다. 코어 사업(initiative for College of Humanities Research and Education)은 명칭처럼 인문학과의 구조조정을 목표로 하여 수립된 사업이다. 이 사업에 선정된 수도권 대학 7곳, 지방 소재 대학 9곳의 대학에는 5-37억 원이 지원되는데, 이 금액의 대부분은 인문학 대학원에 진학하겠다고 약속하는 학부생들의 장학금으로 배정된다. 이러한 지원을 대가로 이 사업은 인문학과의 학과 성격을 교육부가 제시하는 다섯 가지 모델 중에서 선택하여 바꿀 것을 요구하고 있다. 예를 들어 대부분의 어문학과가 선택한 것이 글로벌 지역학 모델이다. 이 모델은 외국어문학과의 커리큘럼을 실용적으로 개편하여 지역전문가를 양성하자는 것이다. 이 모델을 따른다면 외국어문학과의 경우,

외국의 정치·경제까지 포함한 지역학 과목을 많이 만들어야 한다. 결국 외국어와 지역에 대한 지식을 기반으로 삼아 취업률을 높이겠다는 발상이다. 물론 어문학과도 대학에 따라 특성화되어야 하고 지역학 모델을 따를 수 있겠지만, 우리나라 인문학의 전반적인 분위기를 실용화 쪽으로 유도한다는 점은 문제가 있어 보인다.

사실 우리나라의 많은 인문학 교수들이 가장 우려하는 인문학의 위기 신호는 학문후속세대를 길러내야 할 대학원에 뛰어난 학생들이 유입되고 있지 않다는 것이다. 지방대의 인문학과 대학원이 텅텅 빈 지는 오래되었고 수도권의 이름 있는 대학들 역시 전공에 따라 차이는 있지만 대부분 정원에 미달하거나 겨우 정원을 채우는 정도로 유지되고 있다. 코어 사업에서 대학원에 진학하기로 약속한 학부생에게 장학금을 주는 제도를 시행하는 것은 학문후속세대의 명맥을 유지하기 위한 고육지책인 셈이다.

인문학을 전공하는 우수한 학부생들이 대학원 진학을 꺼리는 가장 큰 이유는 장래에 대한 불안 때문이다. 오랜 시간이 걸려 각고의 노력 끝에 박사학위를 받아도 전임교수가 되는 것이 쉽지 않기 때문이다. 인문학 분야에서 초임 전임교수의 연령은 2005년 42.3세에서 2012년엔 44.2세로 점점 높아지고 있다.[2] 게다가 공학 등 실용학문 분야에선 신규임용자의 대부분이 정년보장 트랙임에 반해, 인문학 분야의 신규임용자는 비정년 트랙인 경우가 상당히 많다.[3] 그나마 운이 좋아야 전임교원으로 임용될 수 있고, 많은 연구자들이 시간강사로 생계를 유지하고 있다. 아래의 표에서 보듯 아직도 국내 대학에서 인문학을 가르치는 교원 중에는 시간강사가 절반을 차지하고 있고, 시간강사의 70%가 다른 직업이 없는 전업 시간강사이다.

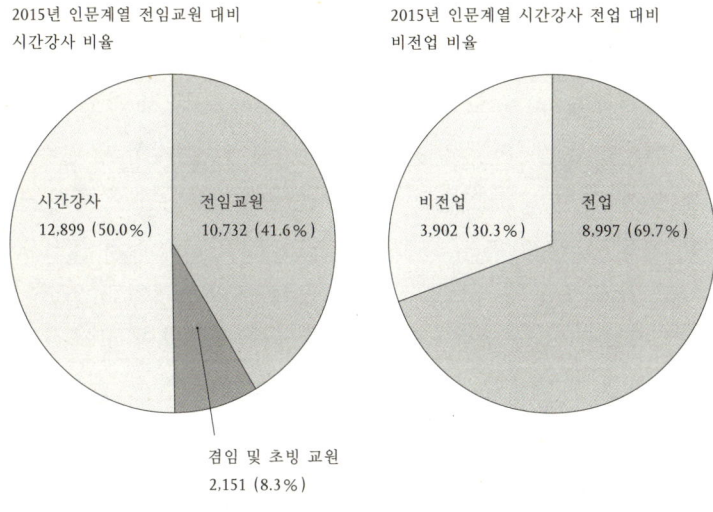

(한국교육개발원, 「한국의 대학교원」, 2016)

2017년 시간강사 평균 강의료는 국공립대가 7만 2700원, 사립대가 5만 2700원으로서, 평균 5만 8400원이다.[4] 주당 9시간을 강의한다고 하면 계절학기 포함해서 연 2000만원 내외의 수입밖에 되지 않는다. 그나마 운이 좋아야 9시간을 강의할 수 있지 그보다 강의시간이 적은 시간강사도 허다하다. 한국의 대학은 시간강사의 희생 위에 서 있다는 말이 여전히 유효하다. 알다시피 시간강사 문제는 어제 오늘의 이야기가 아니라 우리나라 인문학의 고질병 같은 것이다. 외국 대학의 경우엔 교수 밑의 직급으로 대학이 장기 계약하는 강사(lecturer)를 두고 있기 때문에 우리나라의 시간강사와 같은 열악한 환경에 놓인 박사급 연구자가 거의 없다. 최근 우리나라에서도 강사법을 개정하여 강사에게 교원 신분을 인정하고 임용기간을 1년 이상으로 정하여 안정적으로 복무할 수 있는 최소한의 여건을 마련하려는 움직임이 있지만, 대학들이 재정 부담을 이유로 난색을 표하고 있어 법안이 통과될지는 불투명하다. 어쨌든 시간강사 문제를 이대로 두고서는 대학원에 우수한 인재들이 유입될 것을 기대하기 어렵다.

이렇듯 비교적 우호적인 전통 속에서 시작된 한국 대학의 인문학 교육 전통은 최근 들어 전례 없는 대학의 위기와 함께 불어 닥친 구조조정의 직격탄을 맞고 있다. 교육부의 인문학 지원 사업은 미봉책에 불과하거나, 인문학과의 정원을 줄이고 실용적인 성격으로 바꾸고자 하는 구조개혁의 일환이다. 각 대학에 특색 없이 설치되어 있는 인문학과의 성격을 다양화하자는 의도에는 동의할 수 있지만, 실용성을 강조하는 분위기가 인문학의 기본정신을 훼손하지 않을지 우려가 된다.

전공으로서 인문학은 위축되고 있지만, 교양과목으로서 인문학은 여전히 대학에서 필요성을 인정받고 있다. 이런 현상은 미국에서도 마찬가지라고 컬럼비아 대학 교수 앤드루 델반코는 말한다. "오늘날 대학의 아이러니한 풍경 중 하나는 인문학이 대학의 주변부로 밀려나고 있을 때 의학, 법학, 경영학 분야에서는 거꾸로 인문학이 입지를 세워가고 있다는 점이다."[5] 직업교육의 성격이 강한 학문분야에서 오히려 인문학을 필요로 한다는 것은 교육부가 의도하는 산업수요 맞춤형 교육의 한계를 말하는 것이다. 대학에서 전공을 통해 직업교육을 받는다고 해도 오늘날처럼 산업 시스템과 직업의 세계가 순식간에 변한다는 것을 고려하면 직업교육의 한계는 명확하다. 이런 점에서 인간에 대한 이해의 깊이와 폭을 넓혀주는 인문학 교육이 의학, 법학, 경영학에서도 필요성을 인정받고 있는 것이다.

대학은 자유와 자율의 토대 위에 서 있는 지성의 전당이지만 한국의 대학은 정부에 의해 모든 부분이 통제되고 있다. 대학 지원자와 신입생이 줄어들고 있으니 대학의 재정이 어려워지고 도태되는 대학이 생기는 것은 어쩔 수 없는 일이다. 교육부가 이 과정에 개입하여 부실대학을 걸러내고 대학의 규모를 줄이도록 유도하는 것은 이해할 수 있다. 하지만 각 대학의 특수성과 학풍에 대한 고려 없이, 대학의 미래에 대한 장기적 안목 없이 모든 대학을 경제논리로 재단하는 관료적 마인드로 인해, 한국의 인문학은 학문으로서 대접받기보다는 상품 개발에 상상력을 제공하는 현실적 효용으로만 평가받고 있다.

대학 인문학 교육의 문제들

대학은 직업 훈련소가 아니다. 학생들은 대학에 와서 과거에 이루어진 지식을 바탕으로 현재의 사회를 비판적으로 바라보는 통찰력을 키우고, 타인과의 관계 속에서 어떻게 자신의 삶을 살아갈 것인가에 대한 가치관을 정립해야 한다. 이것은 교수가 가르쳐줄 수 없는 것으로서 학생 스스로가 치열한 고민을 통해 얻어야 한다. 물론 교수는 학생이 이런 고민 속으로 들어가 해답을 스스로 찾아갈 수 있도록 길잡이 역할을 할 수 있다. 이것이 대학의 인문학 교양교육의 목표이자 대학교육의 목표이다. 어차피 의과대학, 약학대학 등을 제외하고 자신이 학부에서 배운 전공과 유관한 직업을 갖는 사람은 얼마 되지 않는다. 게다가 수명이 늘어나고 건강이 증진되면서 일생 동안 하나의 직업을 갖는다고 보기도 어렵게 되었다. 그럴수록 대학은 포괄적인 교양과 사고능력을 배양하는 데 목표를 두어야 한다. 이것은 사회적으로도 중요한데, 건강한 상식과 교양을 갖춘 시민들이 늘어날수록 그 사회가 합리적으로 작동할 것은 자명하다. 그런 면에서 OECD 국가 중 최고 수준의 대학진학률을 가진 한국은 매우 유리한 조건을 가지고 있는 셈이다. 다만 대학을 직업을 얻기 위한 수단으로 보는 시각에선 대학진학률이 높다는 것은 많은 잠재 실업자를 양산하는 조건이기도 하다.

그런데 문제는 인문학 교육의 책임을 맡고 있는 교수들과 강사들이 열성을 다해서 교육에 임할 조건이 이루어지 않고 있다는 것이다. 시간강사들의 고충과 열악한 상황은 이미 전술한 바 있다. 이에 더해 대학의 전임교수들조차 교육에 헌신할 수 있는 충분한 동기가 부여되지 않고 있다. 교수의 책임 분야가 크게 연구와 교육이라고 할 때 연구에 대해서는 그나마 평가가 이루어지고 있지만, 교육에 대해서는 책임 이수 시간을 채우는 것 외에 평가가 거의 이루어지지 않고 있다. 그러니 교수들이 교육에 큰 힘을 쏟지 않는 경우가 많다. 물론 대학마다 학생들에 의한 강의평가 시스템이 있지만 이를 인사와 보수에 반영하는 대학은 거의 없다. 학생들이 참여하는 강의 평가의 공정성에 문제가 있다는 시각도 있고, 또 이것을 어떻게 반영할지도 뚜렷한 안이 없기 때문이다.

교수들이 연구에 비해 교육을 등한시하는 것은 외국 대학에서도 오래전부터 문제가 되었다. 이미 19세기 말에 스탠퍼드 대학교 총장은 "미국 고등교육에서 가장 시급한 과제는 대학의 저학년생, 즉 1, 2학년생들에게 관심을 갖는 일"이라고 지적했다. 캘리포니아 버클리 대학의 첫 번째 총장 클라크 커도 이미 50년 전에 "가장 위급한 문제 중의 하나"로 부실한 교육을 지목하며 "뛰어난 교수일수록 학부 수업에 보이는 관심은 초라한 수준"이라고 말했다.[6] 하지만 이런 문제를 이미 오래전부터 고민해왔기 때문에 미국의 유명대학은 교수가 가르치는 교양수업을 강조하고 있다. 컬럼비아 대학에서는 1919년에 필수 교양과목으로 이루어진 코어 커리큘럼을 만들어 전공에 관계없이 모든 학부생들이 이수하도록 했다. 코어 커리큘럼은 〈문학 인문학〉(Literature Humanities), 〈현대 문명〉(Contemporary Civilization), 〈대학 작문〉(University Writing), 〈예술 인문학〉(Art Humanities), 〈음악 인문학〉(Music Humanities), 〈과학의 최전선〉(Frontiers of Science) 과목으로 이루어져 있다. 이 과목들은 서양 고전작품을 주로 다루면서 개인과 세계의 근본적인 문제들에 대한 고민과 토론을 통해 비판적이고 창의적인 지적 능력을 함양하고, 졸업 후 의미 있는 삶을 추구하는 것을 목표로 하고 있다.[7] 하버드 대학 역시 일찍부터 교양교육에 큰 힘을 쏟았고 인문학, 사회과학, 자연과학의 기초를 이루는 교양교육 시스템을 만들어 뛰어난 교수들에게 강의를 맡기고 있다. 학생들에게 큰 인기를 끌고 있는 마이클 샌델 교수의 〈정의〉(Justice) 수업 역시 이 과목들 중의 하나이다.

서울대에서도 2000년대 중반 '핵심교양과목'이라고 하여 분야에 따라 전임교수가 맡는 핵심적인 교양과목을 개발하고, 이 과목에서는 5회 이상의 글쓰기를 필수로 하는 등 과목 이수 요건을 강화한 바 있다. 하지만 다른 교양과목과의 차별성 문제가 제기되고, 각 단과대학의 핵심교양 이수요건도 완화되어 현재는 '권장과목'으로 운영되고 있다.

사실 인문학 교수들이 자신의 전공에 맞게 교양과목을 개발하여 많은 학생이 이수하는 '명강의'로 만드는 것은 매우 필요한 일이다. 그렇게 하지 못하는 데는 강의에 대한 교수의 자질도 문제이지만, 앞서 말했듯 그런 열의를 쏟기 어려운 구조적인 문제가 있다. 하지만 오래전부터 이 문제를 고민해온 외국 주요대학의 상황은 한국의 상황보다 훨씬 좋아 보인다. 이런 대학에서 교수들이 학부수업에 임하는 자세는 한국의 경우와 많이 다르다. 강의계획서만 비교하더라도 차이가 난다. 외국 교수들이 작성하는 강의계획서는 매주 강의 계획이 매우 구체적이고 참고서적 등이 잘 정리되어 있지만, 국내 대학의 강의계획서는 임의적으로 작성된 경우가 많다. 변명을 하자면 한국 대학에선 축제나 행사 등으로 인해 휴강이 잦아서 날짜별로 수업 내용을 맞춰봐야 그대로 진행되지 못하는 경우가 허다하기 때문이다. 물론 교수나 강사들 중에는 개교기념일이나 공휴일에 수업을 하여 보충을 하기도 하고, 수강생 전원을 개인적으로 면담하여 강의에 관한 이야기를 나누는 등 수업에 열의를 갖는 교육자들도 있다.

강의 방식에 있어서도 아직도 교수의 일방적인 강의로 이루어지는 수업이 대부분이다. 물론 기본적인 지식을 전수하기 위해서 교수의 강의가 효과적일 때가 많다. 하지만 인문학에는 정답이 한 개가 아니고 다양한 관점이 존재하기 때문에 복수의 정답과 가능성들을 놓고 고민하고 토론하는 과정이 절대적으로 필요하다. 그 과정에서 사고력, 표현력, 발표력을 키워줘야 할 필요성이 점점 부각되고 있다. 인문학 강의도 학생들의 호기심을 유도하여 자발적인 참여를 이끌어내는 수업 방식이 적절하다. 또한 글을 쓰는 과제를 부과하고 이를 수정해서 돌려주는 것도 매우 필요하다. 언어 사용의 폭이 사고의 폭을 결정하기 때문이다. 하지만 학생들의 글을 읽고 수정해서 돌려주는 일은 많은 시간을 필요로 하기 때문에 교수들이 작문 과제를 부과하는 것을 꺼리고 있다. 대학원생 조교를 쓸 수 있지만 교정 능력을 갖춘 조교는 매우 드물고, 교수가 직접 하는 것에 비해 효과가 크지도 않다.

대학에서 20년 가까이 강의를 해 오면서 실제로 학생들의 문장력이 점점 떨어지고 있는 것을 실감한다. 예전에는 학생들이 쓴 문학이나 영화 감상문을 읽으면 열 명에 한두 명은 글을 잘 쓴다고 느끼는 학생이 있었는데 요즘에는 그런 감상문을 발견하는 것은 매우 드문 일이다. 자신이 느낀 바를 진솔하게 쓰라고 해도 정답이 무엇인지, 어떻게 써야 교수가 점수를 잘 줄지 전전긍긍하며 고민한 티가 역력하다. 그러니 참신하고 대담한 생각을 담은 글은 거의 없고 인터넷에 떠도는 정보를 바탕으로 두루뭉술하게 작성한, 아무 개성 없는 글이 대부분이다. 차라리 토론을 해보면 흥미로운 의견을 제시하는 학생들이 있는데 글로 쓰라고 하면 조심스러워지고 상투적인 표현밖에 못하는 것 같아 안타깝다. 아마도 중고등학교 때 정답이 있는 글쓰기 연습을 많이 한 이유가 아닐까 싶다.

학점 지상주의와 함께, 주로 저학년 학생들에게서 보이는 미성숙한 도덕주의도 인문학에 다가가는 데 방해가 되고 있다. 인문학은 인간의 본성을 근원부터 탐구하는 학문인데 인간의 욕망, 충동, 이기심을 비도덕적인 것이라고 하여 쉽게 악(惡)으로 재단해버리는 단순한 시각으로는 고전을 제대로 이해할 수 없다. 위대한 문학이나 영화의 주인공들은 그 사회의 금기에 도전함으로써 처벌을 받지만 그럼으로써 사회의 지배적인 가치체계에 균열을 가하고 선과 진리의 상대성을 말한다. 그런데 적지 않은 학생들이 편협한 이분법적 시각으로 인해 고전의 풍성한 의미를 열린 마음으로 받아들이지 못하는 경우를 자주 목격한다. 물론 그래서 인문학 교육이 필요한 것이지만 처음부터 인문학 수업에 학점만을 바라보며 정답풀이식의 태도로 임하는 학생들을 자주 보게 된다.

학생들이 강의를 선택할 수 있는 범위가 커지면서 고전을 읽는 과목은 점점 외면받고 있다. 게다가 그 과목에서 반드시 읽어야 할 고전이 발췌독으로 넘어가는 경우가 많다. 〈스페인 문학사〉나 〈스페인 소설〉과 같은 과목에서도 『돈키호테』 원서는 발췌해서 보고, 번역본을 읽히고 있다. 문학 고전을 읽는 과목들은 점차 퇴조하고 있는데 〈독일어권 명작의 이해〉, 〈프랑스어권 명작의 이해〉, 〈스페인어권 명작의 이해〉, 〈러시아어권 명작의 이해〉 등의 과목이 3-4강좌에서 1-2강좌로 축소되었다. 그러자 서울대에서는 〈고전으로 읽는 인문학〉, 〈소규모 원전읽기〉 등의 과목을 개설하여 절대평가 등의 인센티브를 주면서 수강을 독려하고 있다.

학생들이 책 읽는 것을 꺼리는 대신 시각매체에는 익숙하기 때문에 사진, ppt, 영상이 동원되고 있다. 학생들이 시각 이미지를 통해 수업내용을 쉽게 받아들일 수 있는 장점은 있지만 피상적인 이해에 그치는 경우가 많다. 가령 시각매체를 통해 외국의 문화를 공부하는 수업의 경우, 그 사회의 정체성을 이루는 역사적 맥락과 문화적 특수성에 심층적으로 다가가지 못하고 그저 표피적인 문화 현상을 흥미 위주로 다루는 것으로 끝나곤 한다. 그런 수업들의 교재가 이미 피상적인 내용만으로 구성되어 있기에 이런 예상이 가능하다. 이 경우 교수자의 역할은 여행 가이드와 크게 다를 바 없다.

영화를 강의 텍스트로 사용하는 과목도 많다. 서울대 인문대에도 강의명에 영화가 들어가 있는 강의가 많다. 예를 들자면 〈영상예술의 이해〉, 〈종교와 영화〉, 〈문학과 영상〉, 〈스페인 영화의 이해〉, 〈라틴아메리카 영화와 현대사회〉, 〈러시아 문학과 영상예술〉, 〈독일문화와 영상매체〉, 〈고급영어: 영상예술〉, 〈역사와 영화〉, 〈영화 속 세계정치〉, 〈한국문학과 영화〉 같은 과목들이다. 영화도 인문학 강의에서 얼마든지 텍스트로 활용될 수 있다. 문제는 활용되는 방식인데, 우선 형식적으로 문제인 것은 강의시간을 영화 감상시간으로 사용하는 것이다. 설마 그런 경우가 있느냐고 하겠지만 몇 년 전 어느 대학에서 〈영화로 보는 라틴아메리카 문화〉라는 과목의 강의 요청을 받은 적이 있다. 시간이 없어서 곤란하다고 하자 세 시간 연강으로 일주일에 한 번만 나와서, 두 시간은 영화 감상하고 한 시간만 영화에 대해 이야기하면 된다고 했다. 그 학교 외에도 여러 학교에서 수업 시간에 영화를 본다는 이야기를 들은 적이 있다.

영화를 활용한 수업의 또 다른 문제점은 영화를 통해 과거의 역사를 공부하거나 외국의 문화를 이해하는 것을 목표로 하는 수업에서 발생한다. 역사 영화로 역사를 공부하면 학생들이 역사에 쉽게 다가갈 수 있고, 영화에서 보는 이미지를 통해 외국의 현실을 보다 인상 깊게 받아들일 수 있다. 하지만 아무리 역사적 고증과 현실의 모습에 충실하다고 해도 영화의 속성상 객관적 재현은 불가능하다. 재현된 이미지가 사실적으로 보이도록 의도할수록 위험성은 커진다. 물론 이런 점에 대해 교수자의 설명이 있을 것이고 수업 시간에 논의가 이루어질 것이다. 그럼에도 진실에 대한 이미지의 강력한 설득력은 쉽게 착란을 불러일으킨다. 또한 영상의 수용 매커니즘에 따르면 영상물의 수용자는 수동적인 감상자의 자리에 머물게 된다. 즉 관객은 보고 싶은 것을 보는 것이 아니라 카메라에 수동적 동일시를 하게 된다. 그렇기 때문에 카메라가 비추는 것을 무의식적으로 보고 수용할 수밖에 없다. 그래서 영화감독 자크 리베트는 영화에서 절대적 리얼리즘은 불가능하며 역사에 대한 어떤 방식의 접근도 관음증과 포르노그래피가 되어버린다고 말한다.[8] 예를 들어 학생들은 영화의 이미지를 통해 라틴아메리카 도시의 폭력성을 실감하게 되겠지만 매우 위험한 일반화의 오류에 빠질 수 있다.

대학의 인문학 강의가 흥미 위주로 흐를 수밖에 없는 구조적인 이유는 교육자 중심의 강의에서 수요자 중심의 강의로 바뀌었기 때문이다. 이렇게 변한 데는 여러 가지 이유가 있지만 대학 진학자의 대폭적인 감소로 대학이 학생 유치를 위해 경쟁하게 되면서 대학의 전반적인 분위기가 학생들의 선택권과 의견을 존중하는 방향으로 바뀐 것이 가장 크다. 그런데 강의의 수요자로서 학생들은 쉽고 학점 잘 주는 과목을 선호하기 마련이다. 학생들의 그런 태도야 과거에도 마찬가지였다.

하지만 과거엔 교양과목 선택의 폭이 크지 않았으나 요즘엔 다양한 교양과목이 개설되고, 같은 과목이라고 해도 강의자가 다른 경우가 많다. 학생들은 강의평가 사이트를 통해 이전 수강자가 남긴 강의평을 읽고 수강신청을 하기 때문에 수업 부담이 많지 않고 학점 잘 주는 과목이 아니면 학생들로부터 외면받기 십상이다. 각 대학에는 학생들이 만든 강의평가 인터넷 사이트가 있는데 이 평가에는 수업에서 요구하는 학습량은 얼마인지, 학점은 잘 주는지가 결정적인 평가 기준이 된다. 대부분의 학생들이 이 강의평가에 따라 수업을 신청하기 때문에 인기강좌에 먼저 신청하기 위해 수강신청 시점이 되면 전쟁이 벌어진다. 반면 비인기 강좌는 학생들로부터 외면받게 되고, 이 때문에 교수들은 점점 강의의 수준을 낮추고 학점을 잘 주게 된다. 이에 따라 어느 대학에서나 학점 인플레가 상당한 수준인데 특히 자연계보다는 인문계에서 그런 현상이 두드러진다.

한국 대학에서 인문학 교육의 중요성이 경시되고 있는 것과 대조적으로 아시아의 명문 대학들은 인문학 교육을 중시하는 방향으로 대학교육을 개선하고 있다. 싱가포르 국립대학은 인문학과 기초과학 교육을 강화함으로써 세계적인 주목을 받고 있다. 싱가포르 대학은 2011년 예일 대학과 손잡고 'Yale-NUS College'라는 새로운 형태의 교양교육대학을 설립했고 2013년 26개국 157명의 학생을 신입생으로 받았다. 예일대와 싱가포르 국립대의 교수들이 가르치는 이 대학에서 학생들은 입학 후 전공 구분 없이 2년 동안 인문학, 자연과학, 사회과학을 공부한 후 3학년 때부터 기초학문 중의 한 개 혹은 두 개를 전공으로 선택하게 된다. 당장 써먹을 수 있는 응용기술보다 교양교육에 치중하는 이 학교에서 서양과 동양의 최고 수준 대학의 교수진이 기초학문 분야에서 결합함으로써 학생들은 서양과 동양의 고전을 읽고 비교 연구하거나, 서양과 동양의 비교적 관점을 통해 사회 현상을 공부하게 된다. 이러한 교양과목 중심의 다문화 교육을 통해 학생들은 진정한 세계 시민으로서의 교양과 비전을 갖추게 된다.

일본의 동경대학은 모든 학부 입학생을 2년 동안 고마바 캠퍼스의 문리대학에 소속시켜 "더욱 기술적이고 심화된 층위의 지식을 얻기 위한 기본"으로서 일반 교양교육(general liberal arts education)을 실시하고 있다.[9] 이렇게 분리된 캠퍼스에서 폭넓은 교양교육을 받은 후 3학년이 되어서야 홍고 캠퍼스로 돌아와 공학, 법학, 경제학, 문학, 자연과학 등 전공을 공부하게 된다. 일본의 와세다 대학교 역시 2004년 국제교양학부를 설립하고 교양교육을 강화하고 있다.

국내 대학 중에서도 몇 개의 대학이 레지덴셜 칼리지의 모델을 도입하고 있다. 연세대학교는 송도캠퍼스에서 2014년부터 1년 동안 학생 전원이 기숙사 생활을 하며 강의실 뿐만이 아니라 생활 속에서 교양과 품성을 익히는 레지덴셜 칼리지를 시행하고 있다. 물론 유구한 전통을 갖는 서양의 레지덴셜 칼리지에 비해 연세대의 송도 캠퍼스는 여러 면에서 불완전하지만 대학 내의 공동체 생활을 통한 교양교육의 본격적인 시도라는 점에서 의미가 있다. 새로운 시스템의 도입에 반대했던 학생들도 이제는 호의적인 반응을 보이고 있다. 서울대학교 역시 시흥캠퍼스에 레지덴셜 칼리지를 시행할 구상을 했으나 대학사회 구성원들의 의견이 모아지지 않아 진통을 겪고 있다.

한국 인문학 연구의 문제들

한국의 인문학 연구가 몇몇 분야를 제외하곤 세계적인 층위의 논의에 참여하고 있지 못하다는 것은 부인하기 어려운 사실이다. 연구자의 연구 성과를 발표하고 공유하는 가장 중요한 수단은 학술 논문이다. 그런데 고만고만한 학술지에 많은 수의 논문이 쏟아져 나오고 있지만 학술적으로 가치 있는 논문은 많지 않다. 학술적인 가치가 크지 않은 논문들이 양산되고 있는 것에는 인문학 연구자들의 책임도 있지만 구조적으로 보자면 학술지 평가가 제대로 되고 있지 않기 때문이다. 서양의 인문학 학술지는 분야마다 연구자들이 동의할 수 있는 학술지 등급이 있다. 최상급 학술지는 심사가 매우 까다롭기 때문에 여기에 논문을 게재하기 위해선 연구자들은 철저한 연구를 바탕으로 매우 공들여서 논문을 써야 한다. 물론 이러한 학술지에 논문이 게재되는 것은 연구자 개인에게 커다란 영예이고, 이를 통해 연구자의 수준이 검증받게 된다.

    이에 비해 한국에서 출판되는 인문학 학술지의 대부분은 등급이 모호하다. 한국연구재단에 의해 학술지 평가가 이루어져 우수등재학술지, 등재학술지, 등재후보 학술지로 분류하고 있지만 이 등급은 크게 신뢰성이 없다. 평가의 핵심부분이 계량화가 가능한 형식평가(연간 발간 횟수, 정시발행여부, 학술지 논문의 온라인 제공여부, 논문 게재율, 심사위원 수, 논문 투고자의 국내·외 분포도, 편집위원의 중복성 등)인데, 많은 학술지가 술수를 써서라도 이러한 형식요건을 만족시키기 때문이다. 그러다보니 2015년 현재 등재후보 학술지 이상의 인문 분야 학술지는 542종에 달한다.[10] 등재후보 학술지에 게재하기만 하면 질적 평가에서 최고 점수를 받을 수 있으니 투고할 학술지는 얼마든지 많고, 오히려 학술지들이 연구자들에게 논문을 구하는 상황이 되어 이것이 논문의 질적 하락을 부르는 원인이 되고 있다.

학술지가 난립하다 보니 논문에 대한 심사도 엄격하게 이루어지지 않는 경우가 대부분이다. 서양 저명 학술지의 경우 논문 투고에서 게재까지 대단히 까다로운 절차를 거쳐야 한다. 논문 형식에 하자가 있으면 심사에 회부조차 되지 않기 때문에 논문작성법에 완벽을 기해야 한다. 투고 이후 몇 달이 지나 심사 결과를 받게 되는데 두세 명의 심사자로부터 상당히 세밀한 부분까지 의견을 받는 것이 일반적이다. 심사 결과 게재가 가능해도 심사자들의 의견을 참조해서 논문을 다시 고치게 되고, 수정된 논문은 다시 심사자에게 보내져 의견을 듣게 된다. 이렇게 동료 평가를 거쳐 완성된 논문은 편집자에 의해 최종 점검을 받게 된다. 이런 과정을 거치기 때문에 논문 투고에서부터 게재까지 적어도 1년 이상 걸리고, 많은 경우 2-3년이 걸리기도 한다.

이에 비해 한국의 학술지는 투고에서 게재까지 3개월도 걸리지 않는 경우가 대부분이다. 출판이 2-3개월밖에 남지 않은 학술지에 투고일자를 맞춰 논문을 투고하는 경우가 일반적이고, 투고 이후 동료 연구자의 심사를 거치지만 꼼꼼하고 성실한 심사가 이루어지는 경우는 많지 않다. 표절 문제가 있거나 지나치게 초보적인 내용이 아니라면 대부분 게재불가 판정을 내리지 않기 때문에 이것으로 게재가 확정된다. 심사자의 의견을 참조하여 수정을 하더라도 지극히 제한적인 부분만 수정될 뿐이다.

학술 논문의 질적 하락을 초래하는 더욱 근본적인 원인은 대학이나 연구재단 등에서 연구자를 평가할 때 대부분 수치에 의한 정량평가에 의존하고 있기 때문이다. 대학 평가에서 교수들의 연구실적이 매우 중요하기 때문에 대학들은 교수들이 일단 양적으로 많은 연구실적을 제출할 것을 요구하고 있다. 여러 대학들이 연구실적을 교수의 승진심사는 물론 성과급 지급에도 활용하자 교수들은 질적으로 우수한 논문보다는 양적으로 많은 수의 논문을 발표하는 데 열을 올리고 있다. 2016년 우리나라 인문사회계열 교수들은 평균 0.87편의 논문을 게재했는데, 논문의 89%가 국내 전문 학술지에 게재되었다.[11]

교수들이 저서를 쓰는 대신 주로 논문을 쓰는 것도 연구 실적이 정량평가로 이루어지기 때문이다. 2016년 우리나라의 4년제 대학의 인문학 교수들은 1인 평균 0.19권의 책을 썼을 뿐이다.[12] 기관에 따라 차이는 있지만 논문을 100%라고 할 때 저서는 2-300% 밖에 인정해주지 않는다. 저서 한권이 논문 2, 3편밖에 인정이 안 되기 때문에 교수들은 저서 대신 논문에 치중하게 되는 것이다. 하지만 외국의 경우 인문학자는 논문보다 단행본 서적을 출판하는 것을 더 중요한 연구실적으로 평가받는다. 정상급 학자로 인정받으려면 권위 있는 출판사에서 나온 수준급 연구서가 있어야 한다.[13] 논문보다 저서가 대중적 파급력이 크다는 점을 감안하면 저서에 대한 인정 비율을 더 높여야 한다. 각 기관이 알면서도 그렇게 하지 못하는 것은 저서의 질이 천차만별이기 때문인데, 논문과 마찬가지로 저서도 질적 평가가 이루어질 수 있는 시스템을 만들어야 한다.

연구자에 따라 편차가 크지만, 질적 평가로 보았을 때 한국의 인문학 교수들이 외국 대학 교수에 비해 분발해야 할 점이 많다. 단순히 논문 숫자 등 계량화된 수치로만 평가하면 한국 교수의 실적이 외국 교수에 비해 우수할 수 있다. 세계 대학 랭킹에서 우리나라 대학의 인문학 관련학과들이 높은 순위를 차지하고 있는 것은 정량 평가 덕분이라고 할 수 있다.[14]

〈표 2〉 2016년 우리나라 4년제 대학 인문계열 교수들의 연구실적

국내 전문학술지	국제 전문학술지	국제 일반학술지	합계	1인당 논문수	저술실적	1인당 저술실적
8,539.1	322.3	310.7	9,172.1	0.87	2,017.2	0.19

(연구재단, 「2016년도 전국대학 대학연구활동실태조사 분석보고서」, 2016)

하지만 앞서 말했듯 논문의 수준을 고려한다면 전혀 다른 이야기가 될 수 있다. 한국학이나 아시아 관련 분야를 제외하고 세계적인 명성을 가진 한국 인문학자는 많지 않다.

나라마다 다르긴 하지만 외국 대학의 정년보장 심사는 우리나라 대학보다 까다로운 편이다. 미국 유명대학의 경우 조교수로 임용되는 연령은 우리나라보다 훨씬 낮지만 정년보장 심사에 통과할 확률이 지극히 낮기 때문에 조교수들은 엄청난 압박을 받는다. 또한 다른 대학에서 정년보장 심사를 통과한 학자들 중에서 연구실적이 우수한 교수는 더 좋은 대학에 스카우트된다. 이런 경쟁 시스템이 갖추어져 있으니 누구든 열심히 하지 않을 수 없는 것이다. 이에 비해 한국 대학의 정년보장 심사는 형식적인 통과의례에 불과한 경우가 많다. 일시적으로 심사에서 탈락하는 경우는 있어도 최종적으로 탈락하여 학교를 나가는 경우는 극히 드물다. 우리나라 정년트랙 중에서 최근 재임용에 탈락하여 퇴직한 경우는 〈표 3〉과 같다.

결국 우리나라의 정년트랙 교수는 되기가 어려워서 그렇지 임용이 되면 정년까지 간다고 보아야 한다. 그렇다고 재임용 심사를 강화하여 탈락자를 만들기도 어렵다. 외국의 경우 30대 초반에 조교수로 임용되어 재임용에 탈락해도 조금 수준이 낮은 다른 대학으로 옮겨갈 수 있는 반면, 우리나라에선 40대 중반이 되어서야 임용이 되고 50대 중반에 정년보장

〈표 3〉 대학교원 정년트랙 재임용 탈락자

연도	2007	2008	2009	2010	2011	2012	2013	2014	2015
퇴직 교원수	5	1	4	11	1	0	2	4	1

(한국교육개발원, 「통계로 본 한국과 세계교육(17): 한국의 대학교원」, 2016, p. 60)

심사를 받는 상황인데 여기서 탈락하면 갈 곳이 없기 때문이다. 또한 앞서 이야기했듯이 교수의 연구 및 교육성과를 객관적으로 평가할 만한 공정한 평가 시스템도 갖추지 못하고 있다. 이렇게 형식적으로 재임용 심사가 이루어질 바에야 우리나라 실정에 맞게 업적에 따라 정년을 달리하는 등 다른 방식의 교수 인사 시스템이 마련되어야 한다.

우리나라의 교수들은 조교수 시절부터 많은 잡일을 요구받는다. 대학들은 교육부가 주관하는 각종 사업에 참여하여 지원금을 얻어내려 혈안이 되어 있기 때문에 교수들은 사업계획서를 작성해야 하고, 선정이 될 경우 다양한 학술행사를 조직하고 참여해야 하며 잡다한 보고서를 제출해야 한다. 최근에는 대학 평가에 대비하여 졸업생들의 취업에도 신경을 써야 하며, 지방대의 경우엔 고등학교를 찾아다니며 신입생 충원에까지 나서야 한다. 대학 행정의 중요한 보직은 교수들이 담당하고 있기 때문에 15-20%의 교수가 학교의 보직을 맡고 있다.[15] 시간 강사들보다야 비교할 수 없이 형편이 좋지만 전임교원들 역시 연구에만 몰두하기 어려운 상황에 있다.

한국 인문학의 새로운 판짜기

지금까지 한국 대학의 위기 상황을 맞아 대학 현장에서 체감하는 한국 인문학 교육과 연구의 문제점에 대하여 주로 이야기했다. 사실 이 글에서 제기한 문제점들은 인문학 교수들은 물론 교육부의 정책입안자들도 익히 알고 있는 것들이지만, 대부분 고질적이고 구조적인 문제들이라 쉽게 고쳐오지 못한 것이다. 그런데 학령인구 감소로 인한 대대적인 대학 구조조정의 국면이 조성되면서 한국 대학의 인문학 연구와 교육 시스템의 새로운 판짜기가 가능해졌다고 보인다. 교육부가 시행하고 있는 코어 사업도 인문학 관련학과의 성격을 바꿔보자는 취지인데, 이 사업의 한계가 분명하다면 미래를 위해 어떤 그림을 그릴 수 있을지 생각해보고자 한다.

우선 인문학 교육 및 연구와 관련하여 우리나라 대학의 기능을 다양화해야 한다. 과거 모든 대학이 인문학 관련학과를 백화점식으로 구비하고 대학원까지 두어 석·박사 학위자를 배출한 결과 학위자 포화를 가져와 현재의 시간강사 문제를 야기했고, 재능 있는 인재들이 인문학 대학원에 진학하는 것을 꺼리게 만들었다. 현재 전국 인문학 대학원 중에는 최소한의 인원이 되지 못하는 곳이 너무나 많다. 학문 분야별로 다소 차이는 있지만 인문학 대학원은 전국에 3-5곳이면 충분해 보인다. 이 정도의 대학만 대학원을 갖춘 인문학 연구중심 대학으로 두고, 나머지 대학들은 인문학 교육중심 대학으로 운영해야 한다.

인문학 교육중심 대학은 굳이 인문학 모든 분야의 학과를 보유할 필요가 없다. 학교의 중점 분야와 학풍에 따라 강점이 있는 학과만을 유지하면 된다. 이 학과들의 교육 목표는 전문 연구자를 기르는 것이 아니라, 인문학적 소양과 감성을 갖춘 건전한 교양인을 양성하는 것이 되어야 한다. 그러니 학부에서 너무 전문적으로 많은 지식을 교육할 필요 없이, 전공분야의 공부를 통해 인간과 사회에 대한 이해력과 통찰력을 갖도록 하는 것이 중요하다. 커리큘럼 역시 순수전공에 국한될 필요 없이 학제적이고 시의적인 과목들로 구성되는 것이 좋다. 그래서 비록 졸업 후 전공과 직접적인 관련이 없는 직업을 갖게 되더라도, 학부전공에서 공부한 것이 살아가는 데 도움을 주도록 해야 한다. 전공과목을 공부하다 학문적인 흥미와 관심을 느껴 전문학자의 길을 가겠다는 학생이 나올 경우엔 연구중심 대학의 대학원에 진학하면 된다.

  인문학 교육중심 대학이 가장 중점을 두어야 할 것은 대학의 모든 재학생들에게 인문학적인 소양과 가치관을 심어주는 것이다. 4차 산업혁명과 인공지능의 시대를 맞아 경영인들은 인문학적 상상력과 창의력이 첨단 기술의 개발에 활용되거나 영감을 준다는 점을 역설하고 있다. 기술개발 등 현실적인 효용을 기준으로 인문학에 의미를 부여하는 것은 매우 협소한 시각이며 인문학을 도구적인 수준으로 격하시키는 것이다. 인문학은 이러한 수준을 넘어 삶의 의미를 성찰하고, 사회적 상징체계를 반성적으로 사유하게 한다. 그러자면 인문학 교양교육이 매우 중요한데, 이것을 열악한 환경에 있는 시간강사에게 맡겨 두어서는 안 된다. 대학에 비록 학과가 없더라도 교양담당 전임교수제를 도입하여 체계적인 커리큘럼과 교육 시스템하에서 교양교육을 실시하여야 한다.

  이미 우리나라에서도 한국과학기술원(KAIST), 포항공대, 울산과학기술원 등 과학기술대학에서 인문학 전공자들이 전임교수로 임용되어 공학이나 자연과학 전공생들에게 인문학을 가르치고 있다. 또한 과기원 인문학 교수들에 비해 처우는 훨씬 못하지만 여러 종합대학에서도 인문학 전공자를 강의교수, 연구교수 등으로 임용하여 교양수업을 담당하게 하고 있다. 다만 교수충원비율을 올리기 위한 편법으로 활용되는 경우도 없지는 않은 것 같다. 현재 논의되고 있는 강사법 개정안도 교양담당 전임교수제의 초보적인 단계라고 볼 수 있다. 궁극적으로 시간강사 직책이 사라지고 교양담당 전임교수제가 시행되어야 학생들도 더욱 양질의 교육을 받을 수 있고, 안정된 연구환경을 얻게 된 학문후속세대에 의해 더욱 우수한 연구실적이 나오게 된다. 또한 인문학에 관심이 있는 학부생들이 장래에 대한 불안 없이 인문학자의 길을 선택할 수 있게 된다.

한편, 인문학 연구중심 대학은 지금처럼 대학원을 운용하며 학문후속세대를 키워나가게 된다. 이 대학들은 우리나라 인문학 연구의 보루로서 학부전공에서도 전문 연구자를 키워나가는 것이 교육목표가 된다. 다만 저학년 때부터 너무 전공 분야에만 몰입할 필요는 없겠고 고전을 읽으며 기초를 튼튼히 쌓고 인문학의 다양한 분야를 두루 섭렵하는 것이 바람직하다. 현재도 한국의 종합대학에선 졸업에 필요한 전공이수 학점이 예전에 비해 많지 않고, 복수전공이나 부전공 등 제2전공을 이수하는 것이 일반적이기 때문에 학생들이 자신의 관심에 따라 다양한 학문분야를 공부할 수 있는 제도적 인프라는 잘 갖추어져 있다. 결국 학생들의 자세가 문제인데, 적어도 대학에 입학할 때는 인문학에 관심이 있고 어느 정도 연구자의 길을 걸을 생각이 있는 학생들이 들어와야 한다. 물론 중간에 생각이 바뀌어 다른 길을 갈 수는 있겠지만, 애초에 인문학에 관심이 없는 학생들이 성적순으로 들어와서 입학하자마자 실용학문으로 전과를 생각하거나 고시 준비를 하는 풍토는 상당히 문제가 있다.

사실 인문학 연구중심 대학의 중점은 대학원에 있다. 학부전공은 미래의 연구자가 폭넓은 공부를 통해 자신의 흥미와 관심을 발전시키고 연구자로서의 진로를 선택할 수 있게 하는 준비기간이라고 볼 수 있다. 대학원은 본격적으로 전문 연구자를 양성하는 기관으로서 인문학 연구의 중심이 되는 곳이다. 연구중심 대학의 대학원은 인문학을 전공하여 학자가 되기로 한 다양한 대학 출신의 학생이 모이는 곳이 되어야 한다. 그렇기 때문에 대학원의 강의에는 대학원이 없는 대학의 교수도 초빙하여 여러 대학의 교수들이 각자의 세부전공을 강의하고 논문 지도까지 할 수 있도록 개방하는 것이 필요하다. 교육중심 대학과 유기적인 협력관계를 유지하는 것은 연구중심 대학이 존립하는 데 필수적이다. 그러자면 대학원 강의에 출강하거나 논문 지도와 심사를 맡는 타대학 교수에게 현실적인 보상이 주어져야 한다. 현재와 같이 교통비밖에 안 되는 논문심사료와 전업시간 강사료의 절반밖에 안 되는 강사료로는 논문 지도와 강의를 매개로 한 교수들 간의 상호교환이 이루어지기 힘들다.

      지금까지 연구중심 대학의 인문학 대학원이 제 기능을 발휘하는 데 큰 걸림돌이 된 것은 우수한 학생들이 석사과정을 마친 후에나 박사과정 재학 중에 외국으로 유학을 떠나는 것이었다. 실제로 국문학, 국사학 등 일부 분야를 제외하고 국내 유수대학 인문학 전임교수들의 대부분은 외국 대학 박사학위 취득자들이다. 최근에는 전공분야를 막론하고 국내 대학 학위자들이 점차 많이 임용되는 추세지만 아직도 많은 인재들이 해외 유학을 떠나고 있는 실정이다. 요즘은 전 세계에서 나오는 최신 연구 성과물을 쉽게 받아볼 수 있고, 국내 대학원의 연구환경 또한 상당히 좋아졌지만 아직도 해외 유학을 통해서 더 많은 것을 배울 수 있다고 여기는 사람이 많은 것이다. 게다가 미국의 연구중심 대학원에선 조교로 일하는 조건으로 대부분의 학생에게 등록금을 면제시켜 주고 생활비를 지급하고 있고, 유럽의 대학도 등록금이 매우 저렴하기 때문에 오히려 우리나라에서 공부하는 것보다 경제적으로 유리하다. 이런 다양한 장점이 있기 때문에 해외 유학을 선택하는 것이지, 단지 전임교수로 임용되기에 유리하기 때문에 유학을 떠나는 것으로 볼 수는 없다.

그렇다고 인문학 분야에서 세계 25위(서울대), 65위(연세대), 72위(고려대)로 평가되는 우수한 프로그램을 보유한 연구중심 대학에서 석사학위를 마친 많은 학생들이 해외 유학을 떠나는 현상을 당연하게 볼 수도 없다.[16] 같은 기관에서 실시한 인문학 프로그램 순위조사에서 8위(동경대), 31위(교토대), 45위(와세다대), 79위(게이오대) 등 우리나라 대학보다 조금 더 우수한 평가를 받은 일본의 대학에선 대학원생이 해외 유학을 떠나는 경우는 많지 않다. 일본의 대학도 처음엔 우리의 경우처럼 해외 유학이 보편화되어 있었지만, 시간이 지나면서 국내에서 학위를 마치는 풍토가 점차 정립되었다. 북경대(30위), 칭화대(57위), 푸단대(86위) 등 중국의 인문학 명문대학에서도 중국대학 박사학위를 가진 교수가 많은 것으로 보아 우리나라 대학만큼 해외 유학생을 많이 보내진 않는 것으로 보인다.

우리나라 연구중심 대학에서도 최근 국내 대학 학위자들의 임용이 늘어나고 있고 해외 유학을 떠나는 학생들도 조금 줄어들고 있다. 중요한 것은 국내에서 학위를 하면서도 외국 대학에서 공부하는 것 이상을 얻을 수 있도록 연구와 교육 시스템을 갖추는 일이다. 무엇보다 장학금이 획기적으로 확충되어서 대학원 학생들이 경제적인 부담 없이 공부에 전념할 수 있어야 한다. 인문학을 하면서도 비싼 등록금을 꼬박 납부해야 한다면 세계적인 연구중심 대학이라고 할 수가 없다. 현재 서울대 인문대에선 학과에 따라 사정이 다르지만 많은 학생들이 등록금을 면제받고 약간의 생활비를 지급받고 있는데 장차 대부분의 학생이 그런 혜택을 받아야 하고, 다른 연구중심 대학원들도 그렇게 되어야 한다. 또한 아무래도 해외 유학자에 비해 불리할 수밖에 없는 국제화 능력을 배양할 수 있어야 한다. 이를 위해 국내 대학원에도 외국어 강의가 많아져야 하고, 학생들이 외국어로 논문을 써서 해외 학회에서 발표하거나 학술지에 게재하도록 지도되어야 한다. 그리고 박사학위를 받기 전까지 해외 대학에 1년 정도 장기로 머물면서 연구할 수 있는 프로그램이 꼭 필요하다. 이를 위해 대학은 해외 대학과 협정을 맺어 대학원 교환학생 제도를 마련하고 학점 인정은 물론 체재비까지 지원해야 한다. 또한 박사학위를 받은 후에도 외국 대학에 파견되어 연구할 수 있도록 박사후 연구생 제도도 활성화시켜야 한다. 해외의 유명 학자를 학교로 초청할 경우에는 한두 번의 단발성 강연보다 일정 기간 학생들을 가르치는 블록 세미나를 여는 것이 바람직하다.

      이렇게 연구중심 대학의 대학원을 활성화시키기 위해선 해외 명문대학 수준으로 연구와 교육 인프라를 갖추어야 하는데, 이 과정에서 자연스럽게 대학원의 연구 및 교육의 수준도 올라갈 것은 자명하다. 결국, 우리나라의 대학을 인문학의 기준으로 보았을 때, 교육중심 대학과 연구중심 대학으로 나누어 교육중심 대학에는 학부전공을 줄이고 교양교육에 중점을 두고, 소수의 연구중심 대학은 전문 연구자 양성에 목표를 두고 박사 학위자를 배출하여 전국의 대학에 전임교수를—교양담당 전임교수를 포함하여—공급하는 것이 가장 바람직한 인문학 생태계의 모습이다. 미국에서도 100여 개의 연구중심 대학이 2,500여 개의 교육중심 대학과 전 세계의 대학에 교수를 공급하고 있다. 이렇게 인문학 박사학위자의 수요·공급이 균형을 이루기 때문에 미국 대학의 인문학 대학원은 안정적으로 운영되고 있는 것이다. 우리나라에서도 이런 시스템이 정착되어야 각 대학의 사정에 맞게 인문학 교육의 목표가 정립될 수 있고, 인문학에 관심이 있는 우수한 인재들이 학문 후속세대로 유입되어 한국 인문학이 부흥할 수 있다.

사실 이런 구조적 변화는 대학들의 복잡한 이해관계가 얽혀 있기 때문에 실행에 옮기기가 매우 어렵다. 전국의 대학을 특성화하고 과다하게 설치되어 있는 대학원을 정리하는 것도 어려운 일일 뿐만 아니라, 시간강사제를 점진적으로 교양담당 전임제로 바꾸는 데는 상당한 재정부담이 발생한다. 그렇기 때문에 이런 개혁을 실행에 옮기기 위해선 특별한 계기와 사회적 동의가 필요한 법인데, 그동안 무분별하게 확장일로를 걸어온 한국 대학의 근본적 구조변화 필요성에 대한 사회적 공감대가 형성되어 있고, 또한 인공지능 등 새로운 기술의 출현과 함께 인간성의 보루로서 인문학에 대한 사회적 기대가 고조되어 있는 지금이 적기일 수 있다. 이처럼 한국의 인문학은 위기의 시대이자 새로운 패러다임의 시대를 맞아 체질을 개선할 수 있는 기회를 맞고 있다.

1. 이것은 문리과대학이 맨 앞자리를 차지하고 있는 미국 대학의 영향이라고 볼 수도 있으나, 서울대를 비롯한 몇몇 국립대를 제외하면 인문대학 아래에 사회과학대학과 자연과학대학이 위치해 있지 않은 것은 결국 인문대학의 권위가 인정되고 있는 현상이라고 해석될 수 있다.
2. "인문학 신임교수 평균 44.2세⋯ 국내 박사 63%로 역대 최고", 〈교수신문〉, 2012년 4월 23일.
3. "기초는 '비정년', 실용은 '정년'⋯ 학문간 균형 위협", 〈교수신문〉, 2017년 9월 25일, http://www.kyosu.net/news/articleView.html?idxno=34076
4. "시간강사 시급 3000원 올랐다", 〈교수신문〉, 2017년 7월 1일.
5. 앤드루 델반코, 이재희 옮김, 『왜 대학에 가는가』, 문학동네, 2012, p. 146.
6. 앤드루 델반코, 위의 책, pp. 17-19.
7. http://www.college.columbia.edu/core/
8. 자크 리베트, 「천함에 대하여」, 이윤영 편역, 『영화 속의 사유』(2011, 문학과지성사), pp. 361-362.
9. http://www.u-tokyo.ac.jp/en/academics/cas.html
10. "학계내 평판도 등 반영 5년간 200종 고른다", 〈교수신문〉, 2016년 10월 7일, http://www.kyosu.net/news/articleView.html?idxno=31551
11. 연구재단, 「2016년도 전국대학 대학연구활동실태조사 분석보고서」, 2016, p. 9.
12. 연구재단, 위의 글, p. 97.
13. Melissa Terras, "Want to be taken seriously as scholar in the humanities? Publish a monograph", *The Guardian*, 30 Sept. 2014.
14. 예를 들어 2017년 QS 세계 대학랭킹에서 외국어문학 분야의 한국 대학 랭킹은 매우 우수하다. 서울대(11위), 고려대(24위), 성균관대(29위), 한국외대(34위), 연세대(42위) 등 세계 50위권 내에 한국 대학이 다섯 개나 들어 있다.
15. 한국교육개발원, 「통계로 본 한국과 세계교육(17): 한국의 대학교원」, 2016, pp. 52-53.
16. https://www.topuniversities.com/university-rankings/university-subject-rankings/2018/arts-humanities

우리 인문학의
무기력증을 넘어

주경철

'역사는 왜 공부하는가? 인문학은 왜 배우는가?'

너무나도 자주 제기하여 이제는 진부해 보이는 질문이다. 명료한 답을 구하지 못하면서도 다시 같은 질문을 던지는 이유는 그것이 워낙 중요한 물음이기 때문이다. 이런 질문들에 대한 답을 찾으려 하는 동안 우리 내면의 심층과 사회의 본질적 측면에 대해 생각하지 않을 수 없고, 그 성찰의 과정에서 나 자신과 사회 공동체가 나아갈 길에 대해 실마리를 찾을 수 있을 것이다. 이 글에서는 우선 역사 교육에 대한 문제에서 출발하여, 인문학 교육 전반으로 범위를 넓혀 오늘 우리에게 어떤 공부의 자세가 필요한지 논의하도록 하겠다.

세계사를 배우지 않는 나라

역사를 공부하는 이유는 내가 누구인가, 우리 사는 이 세상은 어떤 곳인가를 이해하기 위함이다. '나'의 정체성의 핵심은 내가 살아온 지난날의 삶에 대한 기억이듯이, '우리'의 정체성의 핵심은 지난 시대에 대해 공유하는 역사 기억이다. 역사를 통해 우리는 스스로를 규정하고 살아갈 방향을 잡는다.

그런데 기억은 실제 우리의 지난 삶의 흔적 자체를 그대로 간직하는 게 아니라 시간이 흐르면서 바뀐다. 기억 속의 나와 우리는 결코 고정된 실체가 아니라 상상 작용으로 가공된 결과물이라는 점은 잘 알려진 사실이다. 기억은 상상의 결과이고, 상상은 기억을 기반으로 한다. 역사 또한 마찬가지다. 역사는 지난날에 대한 '상상된 기억'이고, 이 기억으로부터 우리는 미래를 상상한다. 과거는 현재의 필요에 따라 새롭게 주조되곤 한다.

그럴진대 역사 서술은 시대에 따라 늘 새롭게 바뀔 수밖에 없다. 역사가 현재와 과거의 대화라는 말이 그냥 나온 게 아니다. 한때 우리는 '국난 극복의 역사관'으로 우리 민족의 역사에 대해 사고했다. 수천 년 동안 우리는 늘 이민족의 침입을 받았으나, 민족 전체의 장대한 노력을 통해 이를 극복하고 힘겹게 오늘 여기에 이르렀다는 내러티브다. 당시에는 이것이 가장 절실한 세계관이었을 터이다. 위기를 넘으며 생존해 여기까지 왔다는 그 사실을 함께 확인하며 위로와 용기를 나누는 기능을 했을 것이다. 그렇지만 오늘날 우리 역사학계의 화두는 많이 달라졌다. 예컨대 최근 우리 학계에서는 해양사 연구가 일종의 유행이다.[1] 세계화가 빠르게 진척되고, 우리 국민 역시 세계무대로 뻗어나가는 시대에 부응하는 변화라 할 수 있다. 지난날에는 거의 주목하지 않던 새로운 요소들이 돌연 우리의 관심 범위 안으로 들어오는 이유는 물론 현실의 변화 때문이다. 중국의 일대일로(一帶一路) 사업이나 중국 대양 해군 건설처럼 우리를 둘러싼 지구적 환경이 변화하고, 그 흐름을 타고 우리 역시 세계로 팽창해나가고 있다. 이런 상황에서 바다에 주목하지 않을 수 없고, 그로 인해 해양사의 시각이 부각되었다고 할 수 있다.

우리는 이제 더 이상 한반도 안에 머물고 있지 않고 세계와 만나고 세계와 함께 호흡하며 살아가야 한다. 우리의 사고 지평 역시 대폭 넓어져야 한다. '세계 속의 한국' 혹은 '세계와 마주하는 한국'이 의제가 되어야 마땅하다. 그런 점에서 현재의 청년 세대에게 무엇보다 필요한 것은 세계사 교육이다. 세계사는 우리가 이 세상을 이해하는 가장 기본적인 인식 틀이다. 우리가 마주하는 세계, 이제 앞으로의 세대가 활약하는 무대가 어떤 세상인지 정확히 이해하려면 우선 그 세계가 어떻게 만들어져 오늘에 이르렀는지 파악해야 한다. 그 광대한 시공간에 대한 인식을 공유하는 것이 우리 학계가 긴급히 구축해야 할 기반이다. 그런데 현실은 오히려 정반대로 가고 있다. 우리의 젊은 세대에게 가장 큰 공백이 다름 아닌 세계사 교육 부분이다.

세계사를 공부 안 한다는 것, 세계에 눈 감고 있다는 것, 세계로 나아가야 하지만 상대를 전혀 이해하지 못한다는 것, 그것은 우리가 기본 뿌리에서부터 약골이 되고 있다는 의미다.

중고등학교 세계사 교육의 실태

청년 세대의 세계사 인식이 왜 그렇게 천박해졌는가? 그 이유는 사실 매우 단순한 데 있다. 중고등학교에서 가르치지 않기 때문이다. 우선 현재 우리 교육 현장에서 세계사 교육이 어떤 상태인지 구체적인 실태를 살펴보도록 하자.

2011년에 고시된 '개정 세계사 교육 과정'에서 제시하고 있는 교육 목표는 다음과 같이 다섯 가지로 정리되어 있다.

가. 종합적이고 균형 잡힌 세계사의 지식을 습득하여, 세계의 현실을 냉철하게 파악하는 동시에 현재와 가까운 미래의 문제에 대처할 수 있는 가치관을 함양한다.
나. 인류의 역사를 구성하는 여러 '지역 세계'가 점진적으

로 통합되어 가는 '큰 흐름'을 탐구하여, 세계가 어떻게 그리고 왜 오늘날과 같은 상태에 이르게 되었는지를 이해한다.
다. 세계사의 통합의 계기로는, '지역 세계' 사이의 전쟁과 정복 같은 폭력적 요인뿐만 아니라, 교류와 교역 같은 평화적 요인도 함께 중시한다.
라. '지역 세계'가 이룩한 다양한 문화적 성취가 궁극적으로 인류 문화 발전에 기여한 점을 이해하고, 자신이 속한 지역 세계는 물론, 자신이 속하지 않은 지역 세계의 삶의 방식과 가치도 존중하는 다문화주의적 태도를 기른다.
마. 주제와 관련된 자료를 비교, 분석, 비판, 종합하는 활동을 통해 객관적인 역사적 사고를 배양한다.

정말 타당한 지적이다. 문제는 과연 그러한 목표에 합당한 교육을 하고 있는가이다. 역사 교육 전문가들의 분석을 참고해 보자.[2]

과거에는 중학교 과정과 고등학교 과정에서 '국사'와 '세계사' 두 과목을 가르쳤다. 그런데 '2007년 개정 교육과정'에서 매우 큰 변화가 있었다. 중학교 과정에서 '국사'와 '세계사'를 통합하여 '역사'라는 과목을 만들어 교육하기로 한 것이다. 많은 역사학자와 교육계에서 이 방향을 원했고, 실제 그와 같은 과목이 만들어졌을 때 많은 사람들이 좋은 아이디어라며 환영했다.

그런데 2009년부터 이 개정안에 따라 실제로 '역사' 과목을 개설하자 오히려 심각한 부작용이 나타났다. 많은 학교에서 세계사 부분을 소홀히 하는 것이다. 현장에서 하는 말은 이러하다. 어느 학교에서는 교사가 '역사1'의 국사 부분을 가르친 후 세계사 부분을 생략하고 '역사2'의 국사 부분으로 간다. 그러고 난 후 세계사 부분만 따로 모아서 일관되게 가르친다고 하지만 실상 세계사 부분은 아주 소략하게만 건드릴 뿐이다.[3] 결과적으로 중학교 '역사'의 1/3정도 분량에 해당하는 세계사 교육은 방기하고 있다. 모든 학교가 다 이런 상태에 있지는 않다고 해도, 많은 교사들이 세계사를 가르치는 데 큰 어려움을 겪는 것은 사실이다. 중학교 과정에서 세계사 교육은 예전에 비해 훨씬 후퇴했다.

고등학교에서는 어떨까?

주지하다시피 고등학교에서는 사회과 과목들 여럿을 설정해놓고 학교별로 선택하는 방식을 취하며, 세계사는 이 중 하나로 분류되어 있다.[4] 수험생들은 의당 적은 노력으로 높은 점수를 따는 데에 주안점을 두므로 이 기준에 맞지 않으면 포기하는 게 당연하다. '세계사'가 다름 아닌 기피 과목 중 하나다. 교과서 판매 부수로 보면 세계사를 선택하여 배우는 학생 수가 7만 5천 명 정도로 추정되며, 이는 전체 수능 응시자 중 12.5%에 해당한다. 그렇지만 실제 수능에서 '세계사'를 선택한 학생 수는 3만 명 미만이다.[5] 그러므로 이 수치를 보면 전체 고등학생 가운데 5% 정도만 세계사를 공부하는 셈이다.

왜 세계사 선택을 피하는 걸까?

학생 입장에서 보면 이 과목에는 번다한 역사 사실들이 너무 많아 공부하기 어렵고, 제대로 이해하기 힘든 내용들이라 자연스럽게 암기 과목이 되기 때문이다. 그러지 않을 수 있겠는가? 시기적으로 고대로부터 현대까지, 지역적으로 전 세계에서 일어난 사건들을 가르치자니 보통 힘든 일이 아니다. 짧은 교과서에 그 많은 내용을 집어넣으려 하다 보면 설명이 불충분하다. 학생들로서는 어려우니 공부를 안 하고, 공부를 안 하니 어려운 악순환이 될 수밖에 없다.

현장 조사를 보면 중고등학생 모두 세계사 과목이 매우 어렵고 수능 준비에도 힘들다고 답한다. 교사들도 한국사 위주로 가르치다가 세계사 가르치는 것이 어렵다고 토로한다. 이런 상황에서 중학 과정에서 국사와 세계사 통합은 이론적으로는 좋은 일인데 실제로는 역효과를 내고 말았다. 잘하든 못하든 어쨌든 국사 교육은 진행되고 있으니 다행이지만, 달리 생각해보면 세계사적 맥락 이해 없이 우리나라 중심으로 역사를 보면 자칫 역사교육 전체의 방향이 편협한 방향으로 흐를 위험성도 있다.

중고등학교 과정의 세계사 교육 상황 전반을 종합해 보면, 중학교 과정에서 거의 안 배우고 고등학교에서는 아예 손 놓은 경우가 태반이라는 결론이 된다. 대학에서 만나는 학생들이 이런 과정을 겪으며 올라온 사람들이다. 중학교에서 수박 겉핥기로 배우는 둥 마는 둥 한 게 세계사에 대해 가지고 있는 지식의 전부인 것이다. 실제로 내 수업에서 고등학교에서 세계사를 배운 학생들 손 들어보라고 하면 겨우 두어 명이 손드는 실정이다. 프랑스혁명이 18세기 사건인지 15세기 사건인지 모르는 상태다. 사실 많은 학문이 서로 연결되어 있다 보니, 이런 무지는 역사 교육 내에 그치고 마는 게 아니다. 예컨대 한 법대 교수는 학생들이 왜 수업 내용을 이해하지 못할까 고민하다가, 자세히 사정을 알아보니 역사 배경에 대한 지식이 전무하기 때문이라는 걸 깨달았노라고 이야기한 바 있다.

사실 예전이라고 세계사 교육이 잘 되었다고 말할 수는 없다. 이 과목은 결코 암기 과목이 아니고 그래서는 안 되지만, 많은 학생들에게는 무조건 달달 외워야 하는 대표적인 기피 과목이기 십상이었다. 많은 사람들이 기억하는바, 이 과목은 대체로 지겹고 힘든 과목이었다. 너무나 많은 내용들이 아주 작은 교과서에 압축되어 있어서, 앞뒤 맥락을 알 수 없기

우리 인문학의 무기력증을 넘어

십상이다. 지금이라고 그런 문제가 해결되었을 것 같지는 않다. 그런 식으로 과목을 구성해놓고 왜 안 배우냐고 다그치는 건 낯 뜨거운 일이다.

　　원인이 무엇이든 간에 결과적으로 현재 젊은 세대의 역사 교육 수준, 역사의식은 캄캄한 '해저 2만 리' 수준으로 떨어지고 말았다. 세계사 모른다고 당장 큰일이 벌어지지는 않겠지만, 장차 이것이 어느 만큼이나 심각한 부정적 영향을 미칠지 가늠하기 어렵다.

　　대학의 교육

세계사 교육 이야기를 했지만, 사실 다른 분야도 나름의 심각한 문제를 안고 있을 것이다. 수학이든, 외국어든 혹은 과학 과목이든 입시라는 가공할 굴레가 씌어 있는 한 원래 바라는 좋은 의미의 중등교육이 이루어지기는 쉽지 않다.

　　그렇다면 대학에서는 제대로 교육이 이루어지고 있는가? 역사학에 국한하기보다 인문학 전반으로 확대하여 생각해보자.

　　사실 인문학의 위기라는 말이 나온 지 이미 오래되었다. 문학·역사·철학 등 인문학이 대학 교육의 기본 뼈대를 이룬다는 사실을 부인할 수 없지만, 실상은 그런 대접을 받지 못하고 있다는 주장이다. 인문학 종사자들은 이미 오래전부터 그런 말을 해왔다.

　　인문학이 위기라는 점은 어떤 의미일까? 명확하게 지적할 수는 없겠으나, 통상 이야기하는 바에 따르면 인문학을 하겠다는 학생 수가 줄고, 인문학 관련 학과 졸업생들이 취직에 어려움을 겪고 있으며, 그 때문에 많은 대학들에서 학과를 폐지하거나 축소하고 교수 정원도 줄여나가려 한다는 내용일 것이다. 인문학 종사자의 입장에서는 물론 가슴 아픈 일이지만, 사실 이런 것들은 늘 있었던 현상이다. 달리 말하면 인문학은 언제나 위기 상황에 있었다고 할 수 있다. 따라서 너무 호들갑을 떨며 '우는 소리'를 하며 지원을 요청하는 것이 보기 좋은 일은 아니다. 인문학의 위기에 대해서는 여러 사람들이 의견을 제시했지만, 이에 대한 비판 의견인 백종현 교수의 글을 살펴보자.[6]

대학에서 인문학을 배우는 이유는 그것이 인간이면 누구에게나, 어느 분야에서 종사하는 이에게나 필수적인 능력을 키워주기 때문이다. 그러므로 흔히 인문교육은 대학 과정의 기초가 된다. 문제는 기초만 가지고 살 수 있는 게 아니라는 데에 있다. 그래서 다수의 사람들은 상위의 전문교육 과정으로 들어가고, 다만 기초 학문 분야 자체를 유지할 인력 양성에 필요한 사람, 다시 말해 교수가 될 소수만 대학원으로 진학한다. 그러므로 원래 인문학 관련 학부의 학생 수가 '필요 이상으로' 많다는 것이 문제다. 위기라고 하면 바로 이런 불일치에서 유래한다는 것이 백종현 교수의 진단이다. 그러니까 예컨대 현재 인문학 관련 학과들에서 학생 수가 줄고 졸업생이 취직에 어려움을 겪는 등의 문제는 "뭣 모르던 시절 번성했던 인문학부 내 특정 학과 교수나 동창들에게는 위기일지 몰라도 일반 사회로 보면 불필요한 인력 양성의 거부"로서 말하자면 정상화 과정이라는 지적이다.[7]

그동안 학부와 대학원의 교육 또한 제대로 내실을 갖추지 못했다는 비판도 제기된다. 사실 인문학부 4년을 마쳐도 공부한 티가 안 난다. 역사학 전공을 했다고 말할 정도가 되려면 대학원에 가서 심도 있는 공부를 하고 자신의 독창적 연구 성과를 담은 논문을 써보아야 한다. 그런데 인문학이 인기를 누리던 지난 시절, 대학원이 너무 비대해지고 많은 학생들을 받아 느슨하게 운영하다 보니 공부를 제대로 안 한 사람들을 양산했다. 일종의 악화가 양화를 구축하는 현상이 벌어졌다는 주장이다.

백종현 교수의 주장은 이렇게 이어진다. 인문학이 사회에 불필요하다는 게 아니라 공학도나 경영학도만큼 많이 필요하지 않다는 의미다. 그러니까 지금 위기는 사실 정상화 과정이다! 과거 좋았던 시절 정신 못 차리고 내실을 기하지 못하면서, 단지 인문학에 너무 우호적인 동양 사회의 전통에 기대었다가 오늘날 구조조정을 겪게 되었다는 것이다.

그렇다면 어떻게 할 것인가?

백종현 교수의 처방 중 흥미로운 것은 '학사 완결형' 교과과정과 '대학원 연계형' 교과과정으로 나누자는 주장이다.

인문학 전공자 가운데 대학원에 진학하여 계속 인문학 연구에 종사하는 비율은 사실 그리 크지 않다. 그런데 지난날—어쩌면 오늘날에도 상당 부분—인문대의 교육 프로그램은 마치 모든 학생들이 대학원에 진학하는 것처럼 상정하고 전공 수업을 가르치는 경향이 있었다. 대학원에 진학하지 않고 학부만 졸업하고 사회로 진출하는 학생에게는 분명 적절치 않은 교육 방식이다. 다만 심도 있는 인문학 교육을 받으면 인간 능력이 개발되고, 대학원 진학을 염두에 둔 교육을 받다 보면 그 수준에 이르지 않더라도 훨씬 높은 수준을 겨냥한 교육 효과가 '아래로 흘러내려' 결국 학부 졸업만 하더라도 높은 교양 수준을 지니게 된다는 가정에 서 있었던 것 같다.

솔직하게 이야기하면, 그런 가정 자체도 희미하여 그냥 '우리 학과에 왔으면 우리 학과 교육을 받는 것이 당연하다'는 생각이었던 것 같고, 더 솔직하게 말하자면 그렇게 열심히 가르치지 않더라도 대학생이면 스스로 공부하는 게 맞으며, 그런 가운데 대학원 갈 사람은 가고 그렇지 않은 사람은 사회로 나가면 된다는 정도의 편리한 생각이 지난 시대에 편재했던 게 아닌가 싶다. 역설적인 것은 그처럼 방목 상태로 내버려둔 것이 오히려 부분적으로나마 긍정적인 효과를 보기도 했다는 점이다. 자신이 알아서 책을 찾아 읽으며 깊은 사고를 할 수도 있기 때문이다.[8]

백종현 교수의 글은 물론 전적으로 찬성할 수는 없지만, 일단 솔직한 지적을 했다는 점에서 흥미롭고, 깊이 생각해 볼 만한 요소들을 포함하고 있다는 점에서 유용하다. 이 문제에 대해 숙고하기 위한 자료로 외국 대학 사례들을 함께 살펴보도록 하자.

외국 대학의 사례

외국 대학 사례들을 참조하는 것은 물론 필요한 일이다. 그렇지만 외국 대학 사례가 그 자체로 답이라는 의미는 결코 아니다. 우리와 환경이 크게 다르기 때문이다. 외국 대학의 어떤 제도나 관행이 아무리 좋아 보인다 해도, 그것을 우리 대학과 우리 사회에 가지고 왔을 때 잘 착근한다는 보장은 없다. 다만 세계의 큰 흐름들을 조망하고, 우리에게 도움이 될 만한 힌트를 얻기 위해 외국 주요 대학 사례들을 살펴보자.

외국의 명문 대학들 역시 대학 교육의 현재와 미래에 대한 고민이 깊다.[9] 하버드 대학은 교양교육 태스크포스(Task Force on General Education)를 구성하여 교양 과정 개선을 위한 준비 작업을 실행했고, 2007년 2월 문리대(Faculty of Arts and Sciences)에 교양교육 과정안을 제출했다. 여기에서 제시한 학부 교육의 기본 철학을 보자. 다소 길지만 한번 자세히 읽어볼 가치가 있다.

하버드 교육은 자유교육(liberal education)이다. 자유교육이란 시국적, 지엽적 주제의 타당성이나 직업적 유용성을 염두에 두지 않고 자유로운 탐구 정신으로 실행하는 교육을 말한다. 자유교육은 학생들의 신념과 선택에 대해서 보다 성찰하게 하며, 그들의 전제와 동기 부여에 관해서 보다 비판적이게 하며, 문제해결에서 보다 창의적이고 주위의 세계에 관해서 보다 통찰력 있게 하며, 그들의 생활에 개인적, 직업적, 사회적으로 대두되는 쟁점들에 관해서 자신들이 더 능력을 가지고 인지할 수 있게 한다. 대학은 평생 동안 당면하는 시간과 정력의 제약으로부터 자유로운 환경에서 학습하고 성찰할 수 있는 기회인 것이다.

자유교육은 또한 학생들로 하여금 그들의 생애를 준비하는 과정이기도 하다. 학부생들이 학습하는 주제와 그 과정에서 습득하는 사고방식의 기술과 습관(skills and habits of mind)은 학교를 떠난 후 그들의 삶을 형성할 것이다. 그들은 미국 혹은 다른 국가의 시민으로 타인의 생활에 영향을 주는 결정을 하는 데 참여하게 될 것이다. 그들 모두는 문화적, 종교적, 정치적, 인구학적, 기술적 그리고 지구상의 변화의 세력에 참여할 것이다. 그들은 경험적인 도구를 평가하고, 문화적 표현을 해석하며, 그들 개인과 직업 생활에서 윤리적 딜레마에 봉착하게 될 것이다. 자유교육은 학생들로 하여금 이러한 도전들을 정보에 근거한 그리고 사려 깊은 방법으로 처리할 수 있는 수단을 제공한다.

자유교육은 유용하다. 이 말의 의미는 자유 교육의 목적이 학생들의 직업 생활을 위한 훈련을 하거나 대학 과정 이후 그들의 생활의 지표를 제공한다는 것이 결코 아니다. 또한 학생들의 친숙한 세계만이 중요하다는 가정을 추켜세워 주어서 자신감을 갖게 하는 것도 자유교육의 목적은 아니다.

이와는 반대로, 자유교육의 목적은 추정을 뒤흔들어놓고, 익숙한 것들을 낯설게 만들고, 외양의 저변과 이면에 어떠한 것들이 존재하는지를 규명하고, 젊은이들의 방향감각을 혼란시키며 그들이 스스로 방향감각을 되찾을 수 있게 도와주는 것이다. 자유교육은 이런 목적을 달성하기 위해서 가설에 대한 의문을 던지고, 자기성찰을 유발하고, 비판적이며 분석적인 사고를 가르치고, 학생들이 자신들의 능력으로는 이해하기 어려운 현상과 근본적으로 상이한 역사적 계기와 문화적 형성과의 만남에서 소외감을 경험하게 한다. 자유교육은 절대적으로 필요하다. 그 이유는 전문 대학원은 이러한 사항들을 가르치지 않으며, 고용주들도 이런 것을 가르치지 않고, 대부분의 일반 대학원 과정도 이러한 것들을 제공하지 않기 때문이다. 이러한 조직들은 오히려 학생들을 탈자유 교육화하며 학생들이 전문 직업인으로 사고하게 훈련시킨다. 문리과(liberal arts and sciences) 분야의 교육은 경력이나 전문직의 경로 밖에서 비판적으로 그리고 성찰적으로 생각하고 행동하는 능력 배양에 필수적이다. 자유교육이 제공하는 역사적, 이론적, 상관적 시각은 학생들이 그들의 전 생애를 통해서 계발하고 능력을 부여하는(enlightenment and empowerment) 근원이 될 수 있다.

사실 이 문건의 내용 자체는 새로운 것이 아니며, 어찌 보면 우리가 너무나도 잘 알고 있는 익숙한 내용이다. 그럼에도 이 문건을 보며 새삼 깊은 울림을 느끼는 이유는 미국의 명문 대학이 드러내는 자신감 때문이다. 교양교육과 자유교육이 인간을 성숙하게 만들고, 이것이 엘리트를 기르는 힘이며, 대학은 바로 이런 일을 하는 곳이라는 너무나도 중요하면서도 당연한 사실을 당당하게 선언하고 있다. 이 사실에 비춰보면 우리 인문학의 후퇴는 다른 어떤 이유보다도 우리 스스로의 자신감 상실 때문이 아닐까 하는 생각을 피할 수 없다. 우리 자신이 미리 포기하고 나가떨어진 것은 아닐까?

미국의 최고 엘리트는 여전히 기본 교육을 밀도 있게 받으며 자라고 있다. 그 후에 가서야 전문 직업 교육이 뒤따른다. 위의 글의 마지막 부분을 다시 보자. "전문대학원이나 고용주는 결코 가르치지 않는 핵심 내용, 학생들이 전 생애를 통해서 계발하고 능력을 부여하는 근원이 되는 내용"을 가르치는 게 자신들의 사명이라고 이야기한다. 기본 교육을 통해 인간의 능력을 최대한으로 이끌어 올려주는 것이 대학의 사명이라는 사실을 우리는 너무 쉽게 포기하고 있는지 모른다.

또 한 가지 흥미로운 것은 미국이나 영국의 주요 대학 학부생들이 선호하는 전공 분야에 대한 조사 결과다.[10] 대학은 기본 교육을 강조하는데, 과연 학생들은 그 방향으로 따라오고 있을까? 조사 결과는 우리의 입장에서 보면 다소 놀랍다. 예컨대 프린스턴 대학에서 학생들이 선호하는 분야는 경제학, 정치학과 함께 역사학이 각각 10%로 1위 집단을 구성하고, 공공정책이 7%로 2위, 영문학이 5%로 3위였다. 역사학을 선택하는 비율을 주목하여 본다면, 예일 대학은 14%로 1위, 브라운 대학은 7%로 2위, 콜럼비아와 듀크 대학은 9%로 각각 3위를 차지하고 있다. 역사학 교수로서 흥미롭고도 부러운 내용이 아닐 수 없다. 이 결과를 보면 미국의 산업 경제 및 사회 전문 분야 조직이 필요로 하는 인력은 역사학 등 기본 교육을 잘 이수한 인재라는 점을 말해준다.

영국 대학 사례 역시 흥미롭다.[1]

옥스퍼드 대학 경우를 보자. 이 대학 2006-2007학사년도 학부 과정 등록생 1만 569명이 47개 학부 전공과정 중에서 선택한 결과는 다음과 같다. 가장 인기 있는 전공은 PPE(Philosophy, Politics, Economics)로 761명이었다. 그다음으로 영어(760), 역사(739), 법(718), 화학(662), 물리학(626), 수학(616), 현대어(602)가 차지하고, 그 외 고전학, 지리학, 신학 등도 인기 있는 과정이다.

옥스퍼드 대학의 특징은 다양한 학제적·통섭적 주제 과정을 포함한다는 것이다. 앞서 거론한 PPE를 비롯하여 PPP(Philosophy, Politics, Psychology), EEM(Engineering, Economics, Man), 역사와 경제학, 역사와 영문학, 역사와 현대어, 역사와 정치학 등이 학생들이 선호하는 분야들이다. 역사학이 기본 베이스로 많이 들어간다는 것이 특징적이다.

옥스퍼드를 비롯한 영국 대학들은 학부 과정에서 인문학을 중시하는 오랜 전통을 가지고 있다. 그리고 그보다 더 중요한 사실은 인문학이 원래 상태 그대로 유지되는 게 아니라 진화를 거듭하고 있다는 사실이다. 인문학과 다른 분야의 학제적·통합적 접근의 중요성을 일찍이 이해하고 이에 대한 실질적 교육 과정을 학부 전공과정에 도입하여 선도적 학사 정책을 실행해왔다. 인문학의 지속적 발전을 가져온 힘은 한편으로 전통을 지키면서 동시에 변화를 추구하여 조화를 이루는 데 있다.

우리의 인문학은 혹시 지나치게 자폐적인 연구와 교육에 몰입하느라, 사회에 신선한 에너지를 공급하는 역할을 소홀히 한 건 아닐까? 인문학 담당자들인 우리 자신이 자신감을 많이 잃은 상태고, 우리 사회 역시 인문학을 진화에 뒤처진 낡은 학문으로 매도하는 건 아닐까? 그렇지 않다고 자신 있게 말할 수 있을까? 우리의 인문학계에서 우리 사회 전체가 심사숙고하며 주목하는 중요한 의제를 내놓고 있는가? 지성인이고자 하면 반드시 읽고 자기 의견을 정리해볼 필요가 있는 그런 종류의 인문학 저술이 많이 나왔던가?

이와 연관해서 졸업생들의 취업 문제를 고민해보도록 하자. 우리나라 대학계에서 최근 보이는 풍토 중 하나는 학생들에게 기업 현장에서 바로 쓰일 수 있는 능력을 갖추게 해서 취업을 도와주고자 하는 경향이다. 기업 또한 그런 사람을 선발하여 곧바로 사용하고자 할 뿐이다. 그렇게 고용된 사람은 주어진 업무에 매달려 수년 동안 힘들게 일하며 소진되어 간다. 이는 결코 희망적인 형태가 아니다. 우리 경제 수준은 이미 개발시대와는 비교할 수 없는 정도로 높아졌다. 미래 기업이 필요로 하는 능력은 정해진 일을 단순 집행하는 것이 아니라 창의적인 역량이다. 그런 능력은 인문학을 비롯한 기초 학문, 예술에 대한 감수성 등이 결합하여 만들어진다. 창의성은 무에서 나오는 게 아니라 탄탄한 기초에서 나온다. 그런 인재를 기르는 첫걸음이 인문 교육이라는 점을 우리 자신도 확신하고, 사회와 기업에 강조해서 알려주어야 한다. 인문학 종사자인 우리는 생각보다 훨씬 더 중요한 일을 하고 있다. 그 사실을 우리 자신도 망각하고 있으며, 그로 인한 무기력증에 빠져 있다. 우리 자신과 사회를 위해 더 이상 망각의 의자에서 졸고 앉아 있지 말고 벌떡 일어나야 한다.

그렇다면 어떤 준비가 필요한가?

지금까지 중고등학교의 세계사 교육 실태에서 출발하여 대학의 인문학 교육 일반에 대해 살펴보았다. 그렇다면 어떤 변화가 필요하며 그것을 위해 어떤 준비를 해야 하는가? 예컨대 중고등학교에서 세계사 교육을 다시 필수로 해야 한다는 식의 주장은 지금 당장 받아들여질 가능성이 없으므로 피하도록 하자. 그보다는 현재 상황에서 출발하여 대학교와 일반 사회에 대해 어떤 방안을 적용할 수 있을지 생각해보도록 하겠다.

사실 대학교에서 밀도 있는 훌륭한 교육을 시행하는 탁월한 교수들이 분명 많이 존재한다. 각 교수들이 성실하게 학생을 지도하는 것이 기본적인 방안임은 말할 나위가 없다. 여기에서 지적하고 싶은 사항은 그런 개인적인 차원이 아니라 말하자면 대학 교육 전반의 생태계에 관한 일이다. 학부만 마치고 졸업하는 학생들의 경우 현재 제도에서는 인문학과 사회과학, 자연과학에 대한 폭넓은 교양을 갖추면서 동시에 깊이 있는 학문적 경험을 해보는 것이 쉽지 않다. 예컨대 서양사학과를 졸업하고 사회로 나가는 학생들로서는 사실 교양 수준에 한계가 있다. 심지어 이웃 분야인 국사·동양사에 대한 지식도 제대로 갖추지 못하는 수도 많다. 하물며 문학과 철학 분야, 사회과학과 자연과학에 대해서도 상당한 정도로 교양 수준을 높일 가능성이 크지 않아 보인다. 그러려면 결국 서양사 학문을 중심축으로 삼되 여타 학문에 대한 관심을 가지고 두루 공부하도록 유도해야 한다. 다행인 것은 현재 서울대학교가 이 방향을 적극 권장하고 있다는 사실이다. 복수전공과 부전공을 적극 권장하여 다른 학문에 대해 문을 활짝 연 것은 환영할 만한 방침이다.

그렇지만 이런 제도하에서도 학생들이 원래 의도대로 융합적이거나 창의적인 사고를 할 수 있게 만드는 것은 쉽지 않다. 현재 130학점을 이수하는 것만으로도 벅차 하는 형편인데, 그 많은 분야의 과목들을 다 듣게 할 수는 없다. 그렇다면 한 과목을 듣더라도 임팩트가 강한 과목을 만들어야 한다. 어차피 학생들은 여러 분야 중 일부만 수강하게 된다. 그러므로 가급적 과목 자체가 연결·융합적인 성격을 띠면 좋고, 그렇지 않더라도 이웃 학문 분야 내용과 연결 가능성이 큰 성격이면 좋을 것이다. 현재 우리 대학 교수들은 대개 다른 동료 교수들의 연구와 교육에 대해 간섭하지 않고 존중하는 것을 예의로 알고 있다. 이런 태도보다는 수업을 함께 만들거나, 그렇지 않더라도 이웃 교수들을 자신의 수업에 초빙하거나, 혹은 학생들을 이웃 교수와 연결시켜 주는 쪽으로 나아가야 한다. 이는 단지 많은 정보를 제공하는 것을 말하는 게 아니다. 학생이 다양하고도 심원한 학문적 경험을 하는 동안 사고가 깊어지는 변화를 겪어야 한다. 수동적 교육이 아니라 학생 스스로 능동적으로 연구하고 사고하는 '적극적 배움'(active learning)이 되어야 한다. 대학 교육이 그와 같은 방향으로 체질개선이 이루어지도록 학교 당국이 인센티브를 주고 장려해야 한다.

그와 같은 변화의 주체는 물론 교수 자신이다. 우리가 행하는 인문학 연구와 교육 자체가 그런 성격을 갖추어 가야 한다. 구태의연한 지난 방식을 고집해서 될 일이 아니다. 인문학의 기반 위에서 사회과학 및 자연과학과 손잡는 노력을 기울여야 한다. 연구자로서는 자신의 전문 분야에 집중하는 게 맞지만 교육자로서는 훨씬 더 개방적인 자세를 가져야 한다고 본다. 다른 학과, 다른 대학의 교수들과 더 많이 만나고 함께 교육을 고민해보는 것이 이상적이다. 그래야만 교육의 질도 개선될 뿐 아니라 연구자로서의 시야도 넓어질 수 있다. 이 말은 교육 제공의 주체가 지나치게 과 단위로 한정된 현재 상태를 많이 누그러뜨릴 필요를 제시한다.

학과에서 제시하는 과목들의 다양성에 대해서도 생각해보자. 과목들이 너무 크게 변한다면 그것도 문제겠지만, 오랫동안 아무런 변화가 없는 것도 문제다. 세상이 바뀌고 학문 연구도 계속 변화하는데, 예전 과목들을 유지하다 보면 교육 내용이 낡은 것이 될 수 있다. 내 개인적인 경험으로는 심지어는 해양사 관련 과목 하나를 새로 만들고자 할 때에도 상당히 큰 반발을 경험했다. 교수들 자신이 그토록 보수적이면서 학생들에게 위험을 감수해라, 창의적으로 사고해라 하는 요구를 한다는 것은 도리에 맞지 않다.

대학에서 우리가 어떤 준비를 해야 하는가를 주로 살펴보았지만, 그것만으로 원래 제기했던 문제가 해결되는 건 아니다. 대학 바깥의 일반 대중을 위한 인문학 교육에 대해서도 무심히 넘어갈 수는 없다. 이에 대해서는 더 많은 논의가 필요하지만 일단 역사 교육에 중점을 두고 간단하게나마 의견을 밝히고자 한다.

인문학 종사자들이 하는 가장 중요한 임무 중 하나는 분명 심도 있는 연구이지만, 교육 역시 적어도 그에 못지않은 중요한 임무이다. 역사 연구를 제대로 하려면 사료를 광범위하게 읽고 수많은 연구서들과 논문들을 섭렵하고 그 결과를 종합하여 글로 만들어내는 고된 노력을 해야 한다. 이런 일을 하는 동시에 일반 대중들을 위해 접근이 편한 책들을 펴내거나 팟캐스트에 참여하는 것은 쉬운 일은 아니다.

외국의 서점에 가면 대중용 역사책 시장이 엄청나게 크다는 것을 알 수 있다. 소위 '고급 통속화'(haute vulgarisation)의 영역이다. 그런데 일반인들에게 흥미진진하게 역사를 가르쳐주는 책을 쓴다는 것은 그냥 되는 일이 아니다. 글재주가 좋다고 할 수 있는 일도 아니다. 결국 상당히 폭넓은 역사 지식을 가진 동시에 일반인들이 쉽게 읽을 수 있는 글을 쓰는 재주를 다 갖추어야만 가능한 일이다. 따라서 이는 또 하나의 전문 영역이다. 유럽이나 미국, 일본에는 전문 작가들이 탄탄하게 포진해 있는 반면 아마도 우리에게 그동안 가장 부족했던 분야 중 하나가 이 분야일 것이다. 그와 같은 작가들이 없지만 당장 그런 부문이 필요하다면 우선은 교수들이라도 나서서 그와 같은 책들을 쓰면 좋을 것이다. 그러나 장기적으로는 역시 그와 같은 작가들을 길러내는 것이 필요하다. 아마 그런 일 역시 우리에게 매우 급한 일 중 하나가 될 것이다.

  역사가들이 일반인과 만나는 창구는 사실 다양하다. 어쩌면 책에 익숙한 현 세대 교수들이 생각하는 것보다 장차 다른 미디어가 훨씬 더 큰 중요성을 띠게 되지 않을까 싶다. 다큐멘터리, TV 프로그램, 팟캐스트, 인터넷 연재, 만화, 대중 강연 등을 생각해볼 수 있다. 이 역시 전문 연구자들이 직접 할 수도 있고 다른 전문가들이 따로 혹은 협업을 통해 시도해볼 수도 있을 것 같다. 이런 방면에 대해 앞으로는 더 열린 자세로 임할 필요가 있다. 물론 지나치게 대중화에만 신경 써서 일반인 대상 교육의 수준이 너무 낮아지는 것은 경계해야 한다. 따라서 교수 개인이 각자 알아서 하는 데 그칠 게 아니라, 학교 차원에서 이런 일들을 준비하고 안내하는 일을 했으면 한다.

1. 한국사, 중국사, 고고학 등의 분야에서 해양과 관련된 주제로 학회를 개최하는 일이 부쩍 늘었다. 예컨대 명청사학회의 2017년 학술대회 주제는 '대항해시대 동아시아 해양세계의 변화'였다.
2. 오늘날 중고등학교 세계사 교육의 현황에 대해서는 『역사교육』 142집(2017년)에서 집중 분석하고 있다.
3. 정기문, 「서양고대사 내용의 교과서 서술의 문제와 개선방향」, 『역사교육』 142호, 2017. 6, p. 90.
4. 생활과윤리, 윤리와사상(윤리과목군), 한국지리, 세계지리(지리과목군), 한국사, 세계사, 동아시아사(역사과목군), 사회문화, 경제, 법과정치(일반사회과목군). 수학능력시험에서는 이 10과목 중 두 과목을 골라 응시한다. 이 중 생활과윤리가 약 18만 명, 사회문화가 약 17만 명으로 이 두 과목을 선택한 학생 수가 압도적으로 많다. 수험생들 사이에는 '사회문화+생활과윤리'가 가장 무난한 조합으로 받아들여진다고 한다.
5. 김덕수, 「고등학교 세계사 교육과정 개정 현황과 쟁점」, 『역사교육』 141호, 2017. 3, pp. 3–4.
6. 백종현, 「한국 인문학 진흥의 한 길」, 『지식의지평』, no. 2, 2007.
7. 백종현, 같은 논문, p. 136.
8. "70년대 대학교육이 더 창의적이었다", 서울대 공대 이건우 학장의 인터뷰 기사, 조선일보, http://news.chosun.com/site/data/html_dir/2017/09/19/2017091900090.html
9. 신의항, 「외국 대학은 무엇을 어떻게 가르치고 있나」, 『지식의지평』, no. 3, pp. 119–120.
10. 신의항, 같은 논문, p. 127.
11. 신의항, 같은 논문, pp. 129–130.

철학은 왜 하는가?

이석재

순수한 질문?

철학을 한다고 하면 조금 이상한 모양이다. 철학이 무엇인지 그리고 그런 것은 왜 하느냐는 질문을 종종 받는다. 무엇인지를 설명해야 왜 하는지도 설명할 수 있기에 두 질문은 연관되어 있다. 철학이 무엇인지에 대한 논의가 그래서 불가피할 것으로 보인다. 그러나 이 글의 초점은 철학을 왜 하는지에 맞추고자 한다.

철학을 왜 하느냐? 이 질문을 받을 때 대부분의 경우 순수한 궁금증이 느껴진다. 대학 전공이 철학이라 해도 특이한데 그것을 직업으로 한다니 궁금하지 않을 수 없다는 것이다. 물론 가끔 옅은 편견도 느껴진다. 할 이유가 없을 것 같은데 왜 하는지 궁금하다는 태도이다. 때론 더 비판적이다. 그런 쓸데없는 일, 도움이 안 되는 일은 왜 하냐는 비아냥 섞인 지적이다. 왜 쓸데없고 왜 도움이 안될까?

먼저 쓸데없는 경우와 도움이 안 되는 경우를 나누어서 생각해보자. 서로 다른 두 가지 상황이 있기 때문이다. 하나는 하지 않아도 될 일을 하는 경우이다. 이때의 활동을 쓸데없는 것이라고 하자. 또 하나의 상황은 해당 활동이 그 목표를 이루는 데 도움이 되지 않는 경우이다. 이럴 경우 그 활동을 도움이 안 된다고 하자. 전자는 하지 않아도 될 일을 해서 쓸데없는 것이고, 후자는 해도 소용없기에 도움이 안 되는 것이다. 철학이 불필요하거나 쓸데가 없거나 도움이 안 된다면 이 경우들을 염두에 둔 것일 터이다.

이제 철학이 어떤 활동인지 알아볼 필요가 있다. 어떤 활동인지 알아야 쓸데없는지, 도움이 안되는지 따져볼 수 있다. 철학은 어떤 활동인가? 만만치 않은 질문이다. 책 한 권을 할애해도 모자라지 않을까. 실제로 15여 년 전 이 주제로 국제 학술대회가 열렸는데 참여자들이 모두 다른 답을 내놓아 결국 전체를 책으로 엮어야 했다.[1] 이론(異論)이 있겠지만 일단 잠정적으로 다음과 같이 규정하자.

철학은 '어떻게 살 것인가'라는 질문을 제기하고 그 답을 구하려는 지적 활동이다.

이 규정에 준하여 철학이 쓸데없는지 혹은 도움이 안 되는지 따져보자. 먼저 철학은 필요한가? 달리 말해 '어떻게 살 것인가'라는 질문을 던져야 하는가? 던질 필요가 없다고 생각할 수 있다. 질문에 대한 답이 자명할 경우이다.

"어떻게 살긴 어떻게 살어… 행복하게 살면 되지." 이러한 류의 답을 필자도 많이 듣는다. 일단 좋은 답이다. 행복을 향해 내 삶을 몰고 나가면 된다는 입장에 공감할 사람이 많을 것이다. 그러나 끝까지 좋은 답이 되기 위해서 넘어야 할 고비가 있다. 난관은 행복이 무엇인지 분명하지 않다는 사실로 다가온다. 행복하기 위해 산다고 해도 행복의 내용이 불명확한 경우 어떻게 살아야 하는지 여전히 불분명하다. 행복이 무엇인지 알겠는데 그것을 어떻게 이룰지 모르겠다는 고민이 아니다. 행복하고 싶은데 어떤 삶이 행복한 삶인지 모르겠다는 고민이다.

이런 류의 고민을 공유하지 않는 사람에게 철학은 쓸데없다. 여러 가지 이유에서 공유하지 않을 수 있다. 먼저 가장 근원적으로 무엇을 위해 살아야 하는가라는 질문 자체가 못마땅할 수 있다. 나는 특정 목적을 위해 사는 것이 아니라고 할 수 있기 때문이다. 이를테면 아무 생각 없이 그냥 사는 삶이다. 맞다. 그냥 사는 사람에게 철학은 쓸데없다.

누구나 한 번쯤 아무 생각 없이 그냥 살기 원할 것이다. 일상의 삶이 복잡하고 근심 거리가 많기 때문이다. 그럼에도 불구하고 꾸준히 아무 생각 없이 살기란 쉽지 않다. 우리는 본원적으로 목적지향적인 존재이기 때문이다. 우리는 기본적으로 무엇을 이루려고 한다. 소박하게 농사를 지어 밥만 먹고 살겠다고 해도 이 일조차 어렵다는 것을 누구나 안다. 귀농 준비도 철저히 해야 하고 배추 한 포기를 키우기 위해서도 계획을 세워 치밀하게 행동해야 한다. 가장 단순하다고 생각될 수렵 채집도 정말 아무 생각이 없으면 만만치 않을 것이다. 어디서 언제 무엇이 나는지는 알아야 할 것 아닌가? 아무 생각 없이 그냥 사는 사람에게 철학은 필요하지 않지만 아무 생각 없이 살기란 쉽지 않다.

행복이 삶의 목적이 아니라고 항변할 수 있다. 삶의 목적은 있는데 그 목적이 행복은 아닌 경우이다. 이때 삶의 다른 목적을 제대로 이해하고 있느냐의 여부가 철학의 필요성을 결정짓는다. 의미 있는 삶이 목적이라 해보자. 어떤 삶이 의미 있는지 알면 철학은 불필요하다. 어떤 삶이 의미 있을까를 물으면 철학은 시작된다.

물론 이렇게 고상하게 보이는 목적만을 삶의 목적으로 삼을 필요는 없다. 이런 목적이 고상하고 저런 목적은 천박하다는 주장 역시 함부로 할 수 없다. 나름의 근거를 제시해야 한다. 목적은 그것을 설정한 주체의 결정에 근거하고, 인간은 모두 삶의 궁극적 목적을 설정할 권리가 있다고 생각하면 더더욱 그렇다. 삶의 목적이 행복도 의미도 아니고 돈이라고 하자. 돈이 뭔지 모르는 사람은 없을 터이니 이때에도 철학은 필요한가? 필요하지 않을 것이다. 돈을 잘 벌면 된다. 다만 논의가 여기서 끝나지 않을 가능성이 많다. 삶의 목적은 변할 수 있다. 돈이나 권력을 추구했다가 다른 목적으로 바꾼 경우를 우리는 자주 접한다. 돈이나 권력을 추구하는 과정에서 이 목적들이 과연 추구할 만한 가치가 있느냐에 대한 회의도 많이 한다. 이런 경우 어떤 목적이 진정으로 가치 있는지 고민하게 된다. 이 역시 철학적인 고민이다.

이렇듯 철학의 필요성은 삶의 목적 유무와 목적에 대한 이해와 연관되어 있다. 목적적인 삶을 살 때 그리고 그 목적에 대한 이해가 부족할 때 철학은 불가피하다. 이 분석이 맞다면, 철학이 불가피한 것은 아니다. 철학이 어떤 경우에도 반드시 필요하다고 주장할 수는 없다. 철학은 특정 상황과 환경에 조건 지워 있다. 당사자가 삶의 목적을 가지느냐, 그 목적에 대한 이해나 앎이 부족하냐에 달려 있다.

그렇다면 우리는 어떠한가? 철학이 과연 필요한가? 먼저 우리가 목적을 가지고 살고 있는지 보자. 어찌 보면 목적이 넘쳐나서 문제인 듯하다. 우리 사회 구성원은 목적에 대한 집념이 강하다. 목적은 이루기 위해서 있다. 그리고 목적을 이루기 위해서는 냉철해야 한다. 마음이 약해지거나 한눈을 팔면 안 된다. 매사가 각박하다. 요즘은 모두 힐링을 찾는다. 매사에 피로를 호소하고 치유를 요구하는 우리는 에누리 없는 목적지향적인 삶에 지친 것이 아닐까?

때로는 한가하게 아무 일도 하지 하고 쉬고 싶다. 아니, 한가하게 아무 일도 하지 않는 시간을 주목표로 삼기도 한다. 물론 놀 수만은 없으니 일과 휴식의 적절한 배합을 찾는다. 결국 어떻게 사는 것이 좋은가에 대한 질문을 각자 던지는 셈이다. 좋은 삶에 대한 갈망은 있되, 어떤 삶이 좋은 삶인지 궁금하게 여기는 상황을 모두가 겪고 있다. 철학이 필요한 경우이다.

필요한데 도움이 안 되는 철학?

철학에 대한 보다 큰 위협은 쓸데없음보다는 도움이 안 된다는 지적에서 온다. 어떤 위협일까? 필요할지 모르지만 답을 줄 수 있는지 불분명하다는 회의이다. 어떻게 살아야 하는가, 무엇을 위해 살아야 하는가와 같은 질문은 유효하고 우리는 질문을 던질 수밖에 없다는 사실은 인정한다. 그러나 이 질문에 대한 답이 가능할지, 누가 제대로 된 답을 제시할 수 있을지 의심스럽다는 생각이다. 답을 줄 수 없다면 답을 주겠다고 나선 사람들이 모인 철학이라는 학문은 도움이 안 되는 것이 아닌가? 지금부터 도움이 안 된다는 주장, 곧 철학은 우리가 필요로 하는 답을 줄 수 없다는 주장을 살펴보도록 하자.

과연 철학은 답을 주지 못했는가? 그렇지 않다. 주지 못했다기보다 너무 많이 주었다. 답은 너무 다양하게 주어졌고 철학자들 간의 이견은 너무 많다. 도움이 안 된다는 것에 대한 한탄은 대체로 이러한 상황에 대한 아쉬움이 아닐까 싶다.

구체적인 사례로 서양철학의 원류라 할 수 있는 플라톤 대화록 가운데 하나를 살펴보자.[2] 플라톤 초기 대화편 가운데 『에우티프론』이라는 작품이 있다. 이 대화편은 신성함, 경건함이 무엇인지를 다루고 있다. 소크라테스는 기원전 469년경에 태어나 399년에 죽었는데 그의 삶은 격동기에 자리하고 있다. 사실 그 격동은 소크라테스의 역할에 따른 것이기도 하다. 신화적 세계관에 젖어 살던 그리스 시민들은 이즈음에 이르러 보다 합리적으로 세계와 스스로를 바라볼 것을 요구받았다. 전통과 새로운 사고가 뒤섞이고 있었다. 신에 대한 태도와 생각, 특히 경건함, 신성함을 어떻게 생각해야 할지가 자연스레 고민으로 등장했다. 알려져 있듯이, 소크라테스에게 사형 선고가 내려질 때 그 죄목 중 하나는 불경죄였다. 어떤 생각 때문에 이러한 형벌을 받게 되었을까?

신은 우리보다 월등하게 탁월한 존재이다. 그렇다면 신들은 왜 우리와 별 차이 없이 힘들게 사는가? 그리스 신화를 보면 신들도 서로 미워하고 질투하고 싸우고 있다. 이러한 상황을 소크라테스는 의아해한다. 탁월한 자의 행동이라 보기에 너무나 탁월하지 못한, 못난 행태이다. 소크라테스의 의아함 뒤에는 신화가 그리는 세계가 과연 합리적이고 납득할 만한 것인지에 대한 의심이 도사리고 있다.[3] 탁월함과 모자람이 우리보다 심하게 뒤섞인 모순적인 존재를 경배할 이유가 무엇이냐는 지적이다. 그들을 신이라 생각할 필요가 있느냐라는 도전이다. 여전히 그리스 신화의 영향력하에 있던 다수의 시민에게 가히 불경스럽지 않을 수 없다.

2500년 전이지만 우리와 그렇게 동떨어지지 않은 고민이다. 존귀하게 느껴지지 않는데 경건함을 강요당한다면 우리 역시 고민하지 않을까? 지금 종교의 자유를 누리는 대한민국에서 우리가 당하는 고초는 아니지만 이해할 수 없을 정도로 먼 고민은 아니다. 무신론자만이 이해할 수 있는 고민도 아니다. 신이 전지전능한 동시에 전적으로 선하다면 흉악한 일이 세상에 왜 이리 많은가하고 탄식하는 오늘날 기독교인의 고민과도 그리 멀지 않다. 고전은 바로 이런 점에서 살아 있고 여전히 우리에게 유효하다.

그런데 『에우티프론』에서 플라톤이 정작 던지고 싶었던 질문은 따로 있다. 가치의 본질 혹은 기본적인 성격에 관한 질문이다. 가치를 우리가 소중히 여기는 것이라 해보자. 당연하게 느껴질 만큼 간단한 정의이지만 가치를 이렇게 정의했을 때 다음 질문이 가능해진다. 우리가 소중히 여기는 것은 우리가 소중히 여기기 때문에 소중한 것인가? 아니면 그 자체가 소중하기 때문에, 곧 가치 있기 때문에 우리가 소중히 여기는가? 이른바 가치가 주관적인 것인지 객관적인 것인지를 묻는 물음이다.

한편에서는 가치는 당연히 주관적인 것이라고 주장한다. 내가 혹은 우리가 가치 있다고 여기는 것이 가치 있는 것이기에 가치 있게 여기는 태도를 떠나서 가치의 근거를 찾을 수 없다는 생각이다. 이른바 가치 주관주의이다. 맛있는 음식을 빗대어 생각해볼 수 있다. 남이 아무리 맛있다고 하더라도 내 입맛에 맞지 않으면 내게 맛있는 음식이라 할 수 없다. 어떤 음식이 맛이 있는지 없는지는 내가 결정할 일이다. 비빔냉면이 맛있다고 아무리 한들 내게는 물냉면이 더 맛있는 것이다. 가치는 이렇듯 그 판단 주체에 의존되어 있다는 것이 주관주의의 핵심적인 주장이다. 설득력이 있는 입장이다. 그러나 객관주의자들의 반박도 만만치 않다.

다음의 사례를 생각해보자. 어떤 사람이 반려동물을 학대하는 것이 가치 있다고 여긴다고 하자. 그는 반려동물들의 고통을 좋은 일로 여긴다고 고집한다. 주관주의를 따르면 이러한 태도를 비난하기 어려워진다. 물론 나는 그런 학대가 나쁜 일이라고 얘기할 수 있다. 그러나 그것은 어디까지나 내 생각에 불과하다. 반려동물의 학대가 객관적으로 나쁜 것이라기보다 사람에 따라 좋은 일일 수도 있고 나쁜 일일 수도 있게 된다. 그러나 이러한 결론은 석연치 않다. 우리는 불필요하게 동물에게 고통을 가하는 일은 누가 어떻게 생각하던 객관적으로 나쁘다고 여긴다. 이런 방식으로, 누가 어떻게 생각하던 그러한 생각과 상관없이 특정 행위는 그 자체로 좋거나 나쁘다는 주장을 펴는 이들이 가치객관주의자들이다. 플라톤 학자들은 당시 대세였던 주관주의에 항의해 플라톤이 가치객관주의를 옹호하려 했다는 해석을 내놓았다. 그렇다면 우리는 플라톤의 주장을 그대로 받아들여야 하는가? 꼭 그렇지는 않다. 왜냐하면 객관주의 역시 나름의 어려움을 가지고 있기 때문이다.

가치가 객관적이라고 하자. 그렇다면 어떤 가치가 객관적일까? 사람마다 생각이 다르다. 어떤 사람은 거짓말을 하지 않고 항상 바른 말을 하는 것이 가치 있다고 할 것이다. 그러나 이의를 제기하는 사람도 있다. 상황에 따라 거짓을 이야기하는 것이 가치 있다고 주장한다. 사실을 곧이곧대로 이야기해서 상처를 줄 때는 거짓말을 하는 것이 좋다는 주장이다. 누구의 입장을 따를 것인가? 과연 어떤 행동 방식이 가치가 있는가?

사례는 많다. 존엄사를 허용해야 한다는 의견이 늘고 있다. 30년 전만 해도 우리 생각은 달랐다. 생명은 인간이 관여할 사안이 아니며 하늘의 뜻에 맡겨야 한다는 의견이 월등했다. 생명 연장 치료를 하지 않겠다는 사람도 소수에 불과했다. 여생이 고통으로 점철되더라도 일단 살리고 보자는 생각이 대세였다. 생명의 존속 그 자체가 좋다고 생각했기 때문이다. 지금은 생각이 다르다. 삶 그 자체보다 삶의 내용에 무게를 싣는다. 어떤 삶을 사느냐가 더 중요하다.

시대에 따라 바뀌는 의견 변화를 우리는 어떻게 생각해야 하는가? 가치 관련 사실이 시대에 따라 변할까? 자연에 기반한 사실이나 자연 법칙은 시대에 따라 변하지 않는다. 사람들이 천동설을 믿었다고 과거 천동설이 참이었던 것이 아니다. 800년 전에는 천동설이 맞았고 지금은 지동설이 맞다고 할 것이 아니다. 천동설을 믿었던 사람들은 잘못된 생각을 하고 있었다. 유사하게 가치의 사실 역시 객관적이라면, 시대에 따라 사람들의 생각 여하에 따라 변하지 않을 것이다. 사람들의 생각에 따라 사실이 바뀐다는 입장이 주관주의임을 상기하면 더욱 그렇다. 그렇다면 마치 천동설을 믿었던 사람들의 생각이 잘못되었듯이 존엄사를 허용하지 말아야 한다는 사람들의 생각이 틀렸던 것일까? 답하기 쉽지 않다. 존엄사를 허용해야 한다는 주장에 대해 얼마만큼 자신이 있는가? 또 어떤 근거에서 특정 시대의 가치 판단이 틀리다고 혹은 옳다고 할 수 있겠는가? 여기에 가치객관주의의 어려움이 도사리고 있다.

가치객관주의의 단점은 다른 어려움과도 관련이 있다. 자연의 법칙에 대해 상충되는 의견이 있을 때 우리는 통상 전문가를 찾고 그 의견을 따른다. 그런데 가치 문제를 속 시원히 해결해줄 가치 전문가가 있는가? 설사 전문가가 있다고 해도 우리가 그 의견을 인정하고 따르는가? 다른 분야에서는 전문가를 인정해도 가치 문제에 관한한 전문가의 의견을 따라 스스로의 판단을 접는 사람은 많지 않다. 윤리학자의 의견을 들어볼 수는 있어도 삶과 죽음에 대한 결정을 전문가에게 맡길 사람은 많지 않을 것이다. 연명 치료 결정을 개인 판단에 맡기는 이유도 이와 관련 있다. 객관주의 역시 만만치 않은 어려움을 가지고 있다.

상황이 이러하니 친구 철학자가 『가치평가에서 가치로: 주관주의 변호』(*From Valuing to Value: A Defense of Subjectivism*)[4]를 2016년 옥스퍼드 출판사에서 출판했다. 제목에서 알 수 있듯이 데이비드 소벨(David Sobel) 교수는 이 책에서 가치를 가치롭게 여김에서 찾고자 한다. 다시 한 번 주관주의를 옹호하고 있는 것이다. 책 출간은 축하할 일이지만 지금 이 글을 준비하던 나는 당혹스러웠다. 소크라테스 이래로 2500년 간 같은 문제를 아직도 고민하느냐는 질타가 느껴진다. 철학자들은 이 문제 하나도 해결 못하고 계속 논쟁만 진행하고 있다는 불만도 들리는 듯하다. 가히 철학자들은 구제불능이라는 얘기가 나올 만하다. 가치에 관한 이러한 사소한 문제도 해결하지 못하는 철학은 정말 도움이 안 되는 것처럼 보인다.

어째서 이런 일이?

철학 문제는 왜 이렇게 풀기 어려운가? 이 질문에 대한 엄밀한 답을 여기서 시도하지 않겠다. 다만 이러한 현상에 대한 필자의 대략적인 생각을 소개하겠다.

도대체 왜 이러한 일이 발생하는가? 철학에서 해결되어 넘어가는 문제는 없는가? 물론 있다. 사실의 문제를 다룰 때 철학적 노력들이 문제를 해결할 때가 있다. 고고학이나 미술사에서 특정 학자의 연구 결과로 과거 우리의 판단이 그릇되었다는 사실이 드러나고 시정 과정을 거쳐 지식이 축적되는 것과 유사한 경우가 철학의 분야에서도 일어난다. 과거 플라톤의 것이라 여겨졌던 작품이 위작임이 확정적으로 드러나 적어도 이 문제에 관한 한 특별한 이견이 없다.

그러나 우리가 염두에 두고 있는 철학 문제는 이러한 문제가 아니다. 우리 이목을 끄는 문제는 이러한 해결책을 허용하지 않는다. 소크라테스나 칸트가 아무리 훌륭한 제안을 내놓아도 논란이 종식되지 않는다. 훌륭한 모범 답안이 축적되어 형성된 지식의 보고가 있다고 해서 그 결론들이 해결책으로서의 권위를 가지지 못한다. 재미 있는 사실은 왜 이러한 현상이 일어나는지를 둘러싼 설명에서도 상당한 논란이 있다는 점이다. 철학자들은 이 논쟁 현상의 해명을 둘러싸고 논쟁을 벌이고 있다. 못 말리는 족속이다.

여기서 이 논쟁에 깊이 빠져들 필요는 없다. 철학에서 논란이 종식되지 않는 현상에 대해 전문적으로 살펴보는 일은 이 글의 범위를 벗어난다. 그렇다고 이러한 현상에 대한 간단한 진단마저 회피할 수는 없다. 철학의 본질에 관한 논의, 철학이 과연 도움이 되는지에 대한 논의에서 언급하고 가야 할 사안이기 때문이다.

거칠지만 내 생각은 이렇다. 철학에서 논란이 종식되지 않는 이유는 그 어느 누구도 스스로의 삶이 가져다준 경험을 포기할 수 없기 때문이다. 인간 개개인의 경험은 근원적으로 개별적이며 독특하다. 물론 여럿의 삶에서 공유되는 부분도 많다. 굉장히 많을 것이다. 공유가 되기 때문에 우리는 서로 이야기를 나누고 생각을 교환하고 공감한다. 이 때문에 철학, 더 크게는 인문학이 가능하다. 그럼에도 불구하고 각자는 근원적으로 특수하다고 나는 생각한다. 말 그대로 각인각색(各人各色)이다. 특히 경험의 내용이 철학적인 문제들과 관련된 것일 때, 이러한 특수성은 더 두드러진다. 대략은 비슷해도 경험은 그 나름의 결, 그 나름의 농도, 그 나름의 비릿함과 달콤함이 있다. 더욱이 이 개별성, 특수성은 나에게만 알려진다. 이렇게 나에게만 주어지는 경험, 내가 나를 통해 만나게 된 세상은 내게 절대적인 위력, 절대 권위를 갖는다. 경험을 한 이상 이 경험을 벗어나기 힘들며 타인의 경험은 그 사람이 아무리 신뢰할 만하더라도 같은 힘을 갖지 못한다.

나만의 경험, 나만의 특수성에 이렇게 무게를 싣는 일이 정당하거나 옳다는 얘기를 하는 것이 아니다. 옳지 않을 수 있고 인간의 한계일 수 있다. 나는 지금 평가가 아니라 관찰을 하고 있다. 우리는 이렇게 스스로의 경험, 스스로의 개별적 삶에 많은 무게와 권위를 부여한다는 것이 나의 생각, 나의 관찰이다. 좀 더 정확히 말해, 스스로의 개별성을 벗어나지 못하는 것 같다. 이러한 개별성이야말로 인간다움의 가장 독특한 특질이 아닐까 싶다.

이렇다면 타인의 이야기는 효력이 제한적이다. 내가 겪어보지 않으면 잘 느껴지지 않는다. 그런데 느껴봐도 타인이 겪은 것처럼 겪기 어렵다. 겪는 주체가 이미 다르다. 내게 너무나 적절하게 따뜻한 온돌방은 내 아내에겐 살짝 뜨겁다.

동일한 자연 세계의 사태도 다르게 느끼는데 하물며 사랑, 가치, 이상, 목표, 생각 등은 어떨까. 다른 경험에 근거한 타인의 충고나 견해는 이 때문에 멀다.

　　　철학자도 인간이다. 철학자 역시 스스로의 경험을 중시한다. 다른 철학자의 견해나 충고는 멀다. 아니, 철학자의 경우 자기 중심적인 경향은 더 강하다. 남의 얘기를 다 받아들이고 나면 내 얘기라고 할 것이 없기 때문이다. 상황이 이러하니 왜 공통의 답, 모두가 인정하는 답이 나오기 힘든지 이해할 듯하다. 그러나 그렇다면 우리는 다시금 도움이 안 된다는 귀착점에 다다른다. 근원적인 의미에서 철학은 도움이 안 되는 것이 아닌가? 스스로의 경험을 유독 중시하는 철학적 문제에 어떻게 답이 있겠는가. 해보았자 안 될 일은 하지 않는 것이 상책이라면, 철학 역시 그만두어야 할 것이다. 이 지적도 이제 지겹다.

　　어떻게 할 것인가?

그만둘 수 있다면 얼마나 좋겠는가? 포기가 마땅하지만 그만두기도 쉽지 않다. 왜? 답이 힘들다는 것을 알면서도 여전히 원하기 때문이다. 철학의 근본 질문으로 돌아가보자. 어떻게 하면 잘 살 수 있는가? 우리는 잘 살고 싶다. 잘 살고 싶은 마음은 쉬이 없어지지 않는다. 그런데 어찌 살아야 할지 잘 모른다. 그래서 알고 싶고, 질문을 던진다. 이 열망과 궁금함이 철학의 샘이다. 사랑을 돌려주지 않는 짝사랑에게 여전히 구애하듯 화답이 없어도 우리는 여전히 물음을 던진다. 이것이 우리의 실존이다. 딱하지만 어쩔 수 없다.

　　　이때 철학이 별 도움이 되지 못한다고 하며 질문하기

를 포기할 수 있다. 여전히 잘 살고 싶은데 좋은 삶에 대한 질문을 포기하는 것이다. 충분히 이해되고 철학자의 한 사람으로서 자책감도 느낀다. 그래도 포기하지 않는 것이 좋다.

다시 강조하지 않을 수 없다. 아무 생각 없이 사는 사람은 목적을 추구하지 않는다. 이들에겐 철학이 면제이다. 잘 살려고 하는 사람은 어찌되었건 목적을 추구한다. 철학을 하던 하지 않던 잘 살려고 하는 자에겐 목표가 있게 마련인 것이다. 핵심은 이 목적이 내 것이냐의 문제이다. 질문은 괜히 던지는 것이 아니다. 좋다고 하는 목적이나 가치가 과연 내게 맞는 것인지를 물어보기 위한 일이다. 질문을 던진 만큼에 비례해서 그 목표나 목적은 내 것이 된다. 철학의 물음은 남들이 좋다고 하는 목적이나 가치들이 내 경험에 비추어봐도 좋은지를 검토하는 활동이다.

어떤 가치와 어떤 목적을 추구하느냐가 삶의 기본적인 성격을 결정짓는다. 검토되지 않은 가치나 목적을 주어진 대로 받아서 사는 삶은 그 근본에서부터 종속적이다. 어쩔 수 없이 종속적일 때가 있다. 스스로 판단을 내릴 능력이 없을 때이다. 어떻게 살 것인가라는 질문을 태어날 때부터 하는 사람은 없다. 자라는 동안 대체로 부모나 선생님과 같이 가까운 어른의 가치에 의존하여 그들이 제시한 목적을 추구하며 살아간다. 왜 공부를 잘 해야 하는지 몰라도 공부를 잘 해야 한다는 부모님의 말을 믿고 우리는 학창 시절을 보낸다. 종속적인 삶의 전형이다.

종속적인 삶이 무조건 나쁜 것은 아니다. 능력이 없을 때는 종속적인 삶이 맞다. 이해와 판단이 안 되는 아이에게 주체적인 삶은 무리이다. 또 종속적일 때 주어지는 목적이나 가치가 적절한 경우도 많다. 구체화, 개별화되지 않은 아이에겐 건강, 공부 등이 좋은 목표이며 가치이다. 나중에 무엇을 하더라도 건강은 필요하며 공부 또한 미래 활동을 위한 마음과 정신의 훈련인 것이다. 그러나 우리는 아이에서 어른이 된다. 미성숙함을 벗어나 성숙하게 된다. 성숙함은 곧 개별화이다. 돌배기 아이를 보면 무한한 잠재력이 느껴진다. 이 아이들이 무엇이든 할 수 있을 것 같다. 이러한 잠재력은 아직 규정되지 않았기 때문에 가능하다. 성장은 곧 규정이며 규정은 잠재력의 상실이다. 잠재력의 상실을 너무 슬퍼할 필요는 없다. 잠재력은 세상을 바꾸어놓지 못한다. 잠재적인 힘은 발휘되지 않은 약속일 뿐이며 실제 변화는 구체화된 힘이 이루어낸다. 개별성이 드러나지 않아 잠재력만으로 채워진 존재가 성숙하지 못한 존재라 한다면, 성숙은 나다움의 정립이다.

신체적인 성숙은 우리 의지와 상관없이 진행된다. 마음은 다르다. 신체의 성숙을 정신적 성숙이 늘 좇아가지 않는다. 18세기 말 독일의 대철학자 임마누엘 칸트는 계몽(啓蒙)과 정신적 성숙을 재미있게 연결 짓는다. 그가 미성숙함을 어떻게 규정하고 있는지 살펴보자.[5]

계몽은 자신에게서 기인한 미성숙함으로부터의 탈출이다. 미성숙함은 타인의 인도 없이 스스로 이성을 사용하지 못함이다. 이성을 사용하지 못하는 원인이 이해의 부족에 있는 것이 아니라 타인의 인도 없이 자신의 마음을 사용하겠다는 결단 혹은 용기가 부족할 때 미성숙함은 자신에게서 기인한 것이다. 감히 알려고 하라(sapere Aude)! "스스로의 이성을 사용하겠다는 용기를 가지라"가 이런 이유에서 계몽의 구호인 것이다.

자연이 외부의 계도로부터 해방시켰음에도 많은 인류가 흔쾌히 한평생 미성년에 머무는 이유는 나태함과 두려움이다. 타인이 너무나 쉽사리 보호자로

군림하는 이유도 여기에 있다. 미성년자는 아주 편하다. 나를 대신해 생각을 해줄 책이 있고, 내 양심을 대신할 목사가 있고, 내 식단을 정해줄 의사가 있고 해서 나는 스스로 노력할 필요가 없다.

　　　　… 계몽은 자유만을 요구할 뿐인데 이때 '자유'라고 불리는 것 가운데서도 가장 소박한 자유— 곧 모든 사안에 스스로의 이성을 공개적으로 사용하는 자유—를 요구할 뿐이다. 온 사방에서 구호가 들린다. "따지지 말라!" 장교는 말한다. "따지지 말고 그냥 훈련하라!" 세리(稅吏)는 말한다. "따져보지 말라, 그냥 세금을 내라!" 목사는 말한다. "따지지 말라, 그냥 믿으라!" 그러나 다음과 같이 말하는 지배자는 유일하다. "원하는 만큼 얼마든지 따져보되 그리고 나서는 복종하라!" 우리는 모든 곳에서 자유에 대한 제한을 발견한다. 그러나 계몽에 해로운 제한은 어떤 것인가? 어떤 제한이 순수하며 어떤 제한이 계몽을 증진시키는가? 나는 대답한다. 이성의 공개적인 사용은 모든 경우에 자유로워야만 하며 이것만이 인류에게 계몽을 가져올 수 있다.

칸트가 하고 싶은 이야기는 무엇인가? 왜 이렇게 스스로 판단 내리기를 강조하며 자립을 독려하는가? 어둠 속에서 주어지는 가치나 판단들이 안심할 수 있을 정도로 확실하거나 객관적이지 않아서 스스로 따져보라고 권면하는 것인가? 외부적으로 주어지는 가치나 판단들은 비록 철학자, 선생님, 종교인, 관료, 전문가로부터 오지만 이들 역시 나와 별반 다를 바 없는, 많은 한계를 지닌 인간들이라, 그 답을 믿지 말라는 것인가? 가장 전문가라고 할 철학자들마저 동의를 하지 못하는 어려운 문제들인데 누구를 믿겠느냐는 지적인가? 이러한 의도도 있을 수 있었겠다. 하지만 칸트가 하고자 하는 핵심적인 독려는 다른 것이다.

"저 주장은 말이 되는가?", "그것은 내 경험에 비추어 보아서 받아들일 만한 가치인가?" 철학은 이러한 질문을 던지기를 권유한다. 칸트의 말을 빌리자면 계몽의 삶을 권장하는 것이다. 남에게 의존하지 말라는 독려이다. 우리 모두에게 따지고 묻고 검토할 수 있는 탁월한 능력이 있다. 더 나아가 각자에게는 독특하며 대체불가능한 나름의 삶이 있다. 나만의 경험과 삶이 있는데, 누구에게 의존하여 이 삶의 문제를 풀어달라고 한단 말인가? 그래서 우리 각자는 질문을 던져야 한다. 물론 좋은 삶에 대한 타인의 제언은 참고할 수 있다. 그러나 나의 삶에 비추어, 나의 경험에 입각하여 그 제언들을 고려할 때 그 답들이 진정 의미 있고 내 것이 된다. 내 삶, 내 경험에 비추어보지 않은 답들을 내가 받아들일 때 나는 미몽의 삶을 산다. 묻지 않고 따져보지 않고 삶의 궁극적 목적을 외부로부터 받아들일 때 나는 미성숙함에서 허우적거린다. 미몽의 허우적거림은 나의 독특함을 무시한 채 반성 없이 받아들인 가치와 판단들이 나를 옥죌 때 드러나는 괴로움의 몸짓이다.

누구의 답을 그냥 받아들여 중요하디 중요한 나의 삶을 이끌고 갈 것인가?

우리 모두 가장 깊숙한 곳에서 고유하고 독특한 내가 소리치고 있다. 나를 발견해달라고 요구한다. 나의 답을 찾으라고 요청한다. 이 요청에 귀를 기울여 최선의 답을 찾으려는 삶이 철학하는 삶이다. 왜 철학하지 않는가?

1. *What is Philosophy?*, ed. by S. Ragland & S. Heidt, Yale University Press, 2001.
2. 플라톤 대화록이라 하면 플라톤의 대화를 기록한 것이라 생각되기 쉬운데, 주요 등장 인물은 플라톤이 아닌, 스승 소크라테스이다. 소크라테스는 직접 글 쓰는 일을 꺼려했다고 하고 그래서 소크라테스가 여러 지인과 나눈 대화를 플라톤이 기록한 것이 대화록의 출발이었다고 한다. 물론 있는 그대로 정확하게 기록을 했다기보다 플라톤의 철학적 창조력이 힘껏 들어간 것으로 생각해야 할 것이다. 완성된 대화록은 소크라테스의 입을 빌려 플라톤이 스스로 하고 싶은 이야기를 하고 있다고 보는 것이 더 정확하다.
3. 『에우티프론』 6b, 7e을 보라.
4. Oxford University Press, 2016.
5. Immanuel Kant, "Beantwortung der Frage: Was ist Aufklärung?", 1784.

서울대학교의 '제2외국어' 교육에 관한 소고

이영목

서론

인문학이 위기라면 제2외국어는, 중등교육 교과목으로서든 대학교육의 일부로서든, 이미 빈사지경에 있다. 해마다 수능에서 '제2외국어/한문 영역'을 선택한 대다수의 고등학생들이 학교에서 배워본 적도 없는 언어인 아랍어를 선택하고 있으며,[1] 여러 대학에서 제2외국어문학 관련 학과들은 아예 없어지거나 '유럽어문학부' 등의 이름으로 원치 않는 통폐합의 대상이 되었다. 이러한 위기 상황에 대해서는 이미 21세기 초부터 수많은 논의가 있었고,[2] 또 적지 않은 연구 논문들이 발표되었다. 이 글에서 우리는 제2외국어 및 제2외국어문학 일반에 관해 어떤 진단이나 대책을 내릴 능력도 의도도 없다. 이 글은 전적으로 서울대학교의 '제2외국어' 학과 가운데 하나인 불어불문학과 교수의 입장에서 쓴다.

이 마지막 문장은 첫째로, 이 글이 개인적 체험을 바탕으로 한 주관적 견해라는 뜻이다. 둘째로, '제2외국어'라는 단어에 작은따옴표를 붙이는 것은 이 표현에 문제가 있거나, 아니면 적어도 필자가 쉽게 동의할 수 없는 함의가 포함되어 있음을 의미한다. 이러한 함의를 한 필자는 다음과 같이 표현한 바 있다.

한국의 교육현장에서 제2외국어는 한쪽의 '짝사랑'과 다른 쪽의 '배제'로 점철되어 있다. 70년대 이후 외국어교육에서 '2'라는 숫자는 "영어와는 다른 교육가치를 지닌 언어군(言語群)"이라는 순서상의 의미가 아니라, '1'에 들지 못하기에 언제든지 배제 메커니즘이 작동해도 상관없는 하위의 의미로 인식되었다. 즉 '2'는 '1'이 되지 못한 주변부 무리들의 소외를 정당화하는 "배제의 기표"이다.³

주관성, '제2외국어'라는 표현이 주는 어떤 불편함과 함께 이 글의 특징으로 덧붙여야 할 것은 이 글이 '서울대학교 인문대학'이라는 특수성의 관점을 견지한다는 점이다. 비록 이 특수성이 보편성의 담지를 제한한다 할지라도 때로는 추상적 보편성보다는 구체적 특수성이 문제의 본질을 더 잘 드러낼 수 있다고 생각하기 때문이다.

이러한 세 가지 제한에서 이 글의 전체적인 짜임새가 도출된다. 서울대학교 인문대학 '제2외국어 학과'의 입장에서 학과가 담당한 '제2외국어' 교육의 현황을 검토하고 그 장단점을 기반으로 여러 가능성을 타진해보는 일이 그것이다.

본론

1. 외형적 성장과 실질적 정체

주지하다시피 "서울대학교는 1946년 8월 22일 군정청법령 제102호로 공포된 '국립서울대학교 설립에 관한 법령'에 따라 종합대학교로서 개교했다".⁴ 이 과정에서 서울대학교의 전신(前身) 학교의 하나인 경성대학은 4개의 단과대학으로 나누어지는데, 경성대학 법문학부의 문과계통과 이공학부의 이과계통이 합쳐져 서울대학교 문리과대학이 되었다. 1960년 기준으로 문리과대학은 16개 과로 이루어진 문학부와 9개 과로 이루어진 이학부로 구성되어 있는데, 문리과대학 문학부의 16개 과는 국어국문학과, 중국어중국문학과, 영어영문학과, 불어불문학과, 독어독문학과, 언어학과, 사학과, 철학과, 미학과, 종교학과, 정치학과, 외교학과, 지리학과, 심리학과, 사회학과, 사회사업학과이다. 즉 문리과대학 문학부의 16개 과 중에 3개 과가 좁은 의미에서의 '제2외국어 학과'에 속하며, 이 세 과는 각기 그 연원을 경성대학에 두거나 적어도 1946년 서울대학교의 개교와 함께 설립되었음을 밝히고 있다. 1975년 '종합화'와 함께, 문리과대학은 인문대학, 사회과학대학, 자연과학대학이라는 3개의 '기본 학문 대학'으로 분리된다. 이어서 1984년 인문대학에 노어노문학과와 서어서문학과가, 2012년 아시아언어문명학부가 창설된다. 그 결과, 현재 인문대학은 16개 학과(부)로 구성되어 있고, 그중에 제2외국어 학과로 분류될 수 있는 학과로는 중어중문학과, 불어불문학과, 독어독문학과, 노어노문학과, 서어서문학과라는 다섯 개의 어문학과가 있고, 아시아언어문명학부 역시 유사한 기능을 담당한다고 볼 수 있으며, 또한 언어학 연구에 특화된 언어학과가 존재한다. 여기에 국어국문학과가 한문 교육의 일부를 담당하고 있고, 철학과와 밀접한 관련이 있는 협동과정 서양고전학전공이 라틴어 및 고전그리스어를 담당하고 있다는 사실을 추가해야 한다. 따라서 16개의 학과(부)에서 적어도 9개의 학과(부)가 제2외국어의 교육에 관여하고 있는 것이다. 이는 인문대학의 많은 역량이 학부 과정의 제2외국어 교육에 할애되고 있다는 사실을 분명히 보여준다.

　　인문대학이 제2외국어 교육에 부여하는 중요성은 학부에서 강의를 제공하는 언어의 다양성을 통해서도 표현된다. 각 어문학과를 대표하는 중국어, 프랑스어, 독일어, 스페인어, 러시아어 외에도 국어국문학과와 중어중문학과에서 한문 강의를, 아시아언어문명학부에서 일본어, 말레이·인도네시아어, 베트남어, 산스크리트어, 아랍어, 터키어, 힌디어 강의를, 언어학과에서 몽골어, 스와힐리어, 이태리어, 핀란드어, 히브리어 강의를, 서어서문학과에서 포르투갈어 강의를, 협동과정 서양고전학전공에서 라틴어와 고전그리스어 강의를 개설하고 있다. 이처럼 서울대학교 인문대학은 동서고금을 망라한, 거의 20여 개의 언어에 대한 강의를 제공하고 있다. 이처럼 다양한 언어가, 그것도 교양과목의 일환으로 제공되는 것은 국내는 물론이고 세계 어느 대학에서도 찾아보기 힘든 일이라 생각한다.

  제2외국어 교육에 부여하는 중요성은 또한 주요 제2외국어의 강의 구성을 통해서도 드러난다. 초급외국어 강의의 학점구조는 대부분 3-3-1 형식으로 구성되어 있다. 이는 3학점 강의를 위해서 주당 3시간의 정규 수업 외에도 1시간의 실습, 즉 'LAB수업'을 들어야 한다는 것을 의미한다. 수업의 내용적인 측면에서, 이는 제2외국어 교육이 기존의 문법, 독해 중심의 교육에서 벗어나 회화 및 실용적 측면에도 중점을 두고 있다는 것을 의미한다. 또한 이는 정규 수업의 강사료 이외에도 랩 수업 강사료를 부담하겠다는 대학의 적극적인 의지를 반영한다.

  2014년 이후 개정된 현행 교양과목 이수규정은 영어 및 제2외국어 교육을 강화하려는 학교 측의 의지를 뚜렷이 보여준다.

  1) 자연과학대학, 간호대학, 경영대학, 공과대학(원자핵공학과 제외), 농업생명과학대학, 미술대학, 사범대학, 음악대학, 의과대학, 자유전공학부, 치의학대학원, 사회과학대학, 생활과학대학: 영어 1과목 필수

* 학문의 기초 '외국어' 영역 이수 조건: 외국어 2개 교과목 필수(단, 자유전공학부는 외국어 3과목 필수)
2) 수의과대학: 영어 1과목 필수
 * 학문의 기초 '외국어' 영역 이수 조건: 영어 1개 교과목 및 외국어 1개 교과목 필수
3) 인문대학: 영어 1과목 또는 2과목 필수
 * 학문의 기초 '외국어' 영역 이수 조건: 제2외국어 9학점, 영어 2학점 또는 4학점 필수[5]

특히 인문대학은 중급외국어 3학점을 포함한 9학점의 제2외국어 수강을 의무화하고 있다. 이 밖에도 제2외국어에만 국한되어 있지는 않지만, 인문대학생이 최소한 하나는 필수로 들어야 하는 소그룹 고전 원전읽기 1, 2 과목이 있다. 서울대학생 전체에게 열려 있는 이 과목은 1학점/2시간의 구조로 영어, 한문을 포함한 외국어 고전 원전을 강독하는 프로그램이다. 따라서 인문대 학생에게는, 외국어문학 전공생이 아니어도, 교양과정에서만 적어도 9 내지 10학점의 제2외국어 교육을 받을 의무가 주어진다. 즉, 한 과목의 제2외국어를 체계적으로 공부할 경우, 기본적인 텍스트의 강독이 가능한 수준까지 이를 수 있다는 뜻이다.

교과과정 외에도 '외국어 캠프', '고급 외국어 현지 체험 학습', 'SNU in the World 프로그램' 등 다양한 외국어 심화 과정이 제공된다. '외국어 캠프'는 담당 학과의 주관 아래, 한문, 중국어, 프랑스어, 독일어, 스페인어, 일본어, 아랍어 등 제2외국어를 원어민 강사들의 지도 아래 약 10일간 주로 교내에서 집중적으로 습득하는 과정이다. '고급 외국어 현지 체험 학습'은 언어별로 2-3주의 기간 동안 해당 국가의 대학이나 대학 부설 언어교육기관에서 외국어를 습득하는 것을 지원하

는 프로그램이다. 끝으로 3-4년 전부터 국제협력본부에서 주관하여 적극적으로 확대하고 있는 'SNU in the World 프로그램'도 주목할 만하다. 이 프로그램은 외국어 습득을 1차적 목적으로 하고 있지는 않지만, 적어도 인문대학 교수가 지도교수로 참여하는 'SNU in Beijing', 'SNU in Moscow', 'SNU in Paris', 'SNU in Berlin', 'SNU in Madrid' 프로그램의 경우, 국내 사전 교육을 포함하여 최소 5주에서 최대 8주에 걸쳐 해당 국가의 언어를 교육한다. 이처럼 인문대 학생을 비롯한 모든 서울대학교 학생에게는 매우 높은 단계까지 제2외국어를 습득할 가능성이 충분히 주어진다.

그러나 외국어 및 제2외국어 교육을 강화하려는 인문대학의 뚜렷한 의지와 대학 본부의 협조에도 불구하고, 영어 및 제2외국어가 실제로 학생들의 학습에서 지니는 중요성은 매우 감소하였음을 체감할 수 있다. 대표적인 현상은 제2외국어 수강생 수의 급감이다.[6] 위의 '이수규정'에서 보다시피, 인문대학을 제외한 대부분의 단과대학들이 '학문의 기초〈외국어〉영역'에서 '외국어 2개 교과목 필수' 수강을 요구하고 있지만, '학문의 기초〈외국어〉영역'에는 영어와 제2외국어가 혼재되어 있으므로, 실제로는 학생들 대부분에게 제2외국어를 들을 의무는 없다.

이와 관련된 또 하나의 현상은 대학원 입시 및 논문제출자격시험에서 제2외국어 성적을 요구하는 단과대학 및 학과(부)의 비율이 대폭 감소했다는 점이다. 1990년대 말까지만 해도 서울대학교 대학원의 인문사회계와 예술계는 물론 자연계, 심지어는 의대에서도 대학원 입시나 석박사 학위 논문제출자격시험에서 제2외국어 시험은 의무사항이었다. 그러나 박사학위 논문제출자격시험을 예로 들면, 약학대학은 2002년 2학기부터, 사범대학은 2003학년도 입학생부터, 자연과학대학은 2005년 1학기부터, 사회과학대학은 2006학년도 1학기부터 제2외국어과목을 미부과하고 있다.[7] 현재는 대학원 입시에서 제2외국어를 의무적으로 부과하는 곳은 인문대학밖에 없고, 음대와 미대에서는 제2외국어로 영어를 대체할 수 있다.

2. 제2외국어 교육 부진의 이유: '효용성'의 문제

학부과정에서의 제2외국어 수강, 대학원 입시 및 학위논문제출자격시험에서의 제2외국어 부과 등에 관한 각 단과대학의 축소 및 폐지 결정에는 물론 여러 가지 이유가 있으리라고 짐작된다. 그리고 이 이유들은 '효용성'이라는 단어로 요약될 수 있을 것이다.

「기초교양 수강편람」은 '학문의 기초' 범주에 포함된 외국어 교육 전반에 대해 다음과 같이 서술한다.

> 다양한 외국어를 통하여 학문 활동에 필요한 비판적 사고와 학술적 표현이 자유롭게 이루어지도록 하며, 대학교육을 경험한 지식인으로서 외국어로 소통하는 데 어려움이 없도록 하는 것을 목적으로 하는 교육이다.[8]

그러나 인문대나 사회대 등 전공이 제2외국어와 밀접한 연관이 있는 일부 단과대학 학생들을 제외하고는 제2외국어 교육이 그 언어로 "학술적 표현이 자유롭게" 이루어지고, 그 "외국어로 소통하는 데 어려움이 없도록"하는 것은 실제로는 지난한 일이다. 대학원 입시 및 논문제출자격시험이 요구하는 외국어 학습 수준을 대체로 현행 '초급외국어 2'에 해당한다고 보면, 이는 학점만으로도 6학점에 해당한다. 물론 이 외국어 학습이 주로 학부에서 이루어지지만 현재 130학점 체제에서는 6학점을 제2외국어에 투자하는 것이 쉽지 않다. 특히 박사

과정에서 연구에 전념하고 있는 이공계 대학원생들에게, 비록 학부에서 배웠다 할지라도, 일정 수준의 제2외국어 독해 능력을 유지하기를 요구하는 것은 쉽지 않아 보인다.[9] 다른 한편, 제2외국어의 '실제적 효용성'을 지적할 필요가 있다. '초급외국어 2' 과정을 충실하게 이수한 경우, 대체로 간단한 텍스트의 독해와 실생활에서 필요한 기초 회화가 가능하다고 볼 때, 이는 학술적 용도에서나 실용적인 면에서나 충분하지 않다. 프랑스어에 6학점, 즉 학생들의 개인적 공부 시간을 제외하고도 주당 4시간을 두 학기에 걸쳐 투자하고도, 그저 영어 원서에서 가끔 등장하는 프랑스어 단어를 '프랑스식으로' 읽고, 유럽 여행 중에 몇 마디 프랑스어를 자랑하는 데 만족한다면 이는 분명 시간낭비다.

그러나 여기서 초급 제2외국어 과정은 말 그대로 '입문' 과정이라는 점을 상기할 필요가 있다. 그리고 입문 과정의 목표는 그 교육 내용에 관해 모든 것을 가르치는 것이 아니라 그 대상에 대한 관심과 열정을 불러일으키는 데 있다. 오늘날 많은 사람이, 그리고 경영대, 의대 등 우리 학교의 비인문계 단과대학의 많은 교수가 인문학 교육의 중요성을 강조하고 있고, 교과과정에 인문학 교육을 강화할 필요성을 피력하고 있다. 그렇지만 이것이 모든 학생을 인문학 전문가로 양성하겠다는 뜻은 아니다. 예를 들어, '철학 개론'을 배운다고 해서 모든 학생이 철학자가 될 수도, 그럴 필요도 없다. 단지 철학적으로 사유하는 방법의 기초를 배우고 그것을 통해 자기 '학문의 기초'를 마련하는 것으로 충분하다. 제2외국어도 마찬가지다. 제2외국어 교육을 통해, 앞으로 이야기할 교육의 진정한 목표에 접근할 가능성을 열어줄 수 있는지가 관건이다.

'학문적 효용성'에 관해 말하자면, 오늘날 미국 주도의 학문 세계에서 다른 나라, 다른 문화권의 학문은 인기가 없고,

그 자체로, 즉 그 나라의 언어를 통해 연구할 필요도 거의 없어 보일 수 있다. 이는 인문학 및 사회과학 전공자에게도 마찬가지다. 프랑스를 예로 들면, 물론 프랑스가 생산한 학문과 지식들이 아직 오늘날까지도 상당한 영향력과 위신을 가진 것은 부인할 수 없지만, 이 사실이, 극소수의 전공자를 제외하고는, 프랑스어로 된 순수 프랑스제 텍스트를 연구할 필요가 있다는 것을 의미하지는 않는다. 이미 20세기 후반부터 '프랑스학'의 미국화는 많이 진행되고 있었다. 미국은 자신의 독특한, 그리고 분명 존경할 만한, 학문적 소화 능력을 바탕으로 프랑스에서 생산된 많은 이론들을 요약, 번역, 소개하고, "French Theory"라고 불리는 일종의 '미국식 프랑스학'을 생산했다. 사람들이 흔히 프랑스 이론이라고 생각하는 소위 '탈구조주의', '해체주의' 등의 이론은 20세기 말에도 프랑스 대학에서는 생소한 이론이었다. 오늘날도 사정은 마찬가지여서, "French Theory"는 프랑스에서 논구되는 이론들과는 꽤나 거리가 있고, 프랑스에서 새롭게 떠오르는 중요 이론들은 영어로 빠르게 번역될 뿐만 아니라, 그들의 학문 체계에 곧바로 포섭된다.[10] 실제로 학자들을 포함한 많은 사람들이 '프랑스 사상'이라고 생각하는 것이 실제로는 '미제 프랑스 사상'인 경우가 많은 것이다.

     서울대학교를 비롯한 우리 학계에 미국 편중 현상이 있음도 부인할 수 없다. 〈한국대학신문〉에 따르면 2017년 현재 서울대학교 전임교수 중 박사학위 소지자는 2215명이고, 외국 박사학위 취득자는 1257명(56.7%)이다. 이 중 미국 박사가 1001명(79.6%), 독일 63명, 일본 55명, 영국 49명이라고 한다.[11] 같은 기사에서 한 국회의원은 "미국 박사학위 편중은 우리 학문의 미국 종속을 심화시키고 학문의 다양성을 저해할 수 있다"고 지적한다. 어쩌면 이러한 '미국 편중 현상'과 '제2외국어의 쇠퇴' 사이에 상관관계가 있을지도 모른다. 그리고 제2외국어 교육의 강화가 그 편중 현상을 막아줄 수 있다고 주장하고 싶은 유혹이 생길 수도 있다. 그러나 이미 존재하는 교수들의 미국 편중 현상이 제2외국어 쇠퇴를 가져왔는지, 아니면 제2외국어의 쇠퇴가 편중을 초래했는지는 분명치 않다. 오히려 이 관계에 대한 엄격한 분석은 우리가 의도치 않은 결과를 보여줄 수도 있다. 미국에서 학위를 마치고 와서 현재 재직 중인 대부분의 교수들이 이전에 제2외국어 과목 이수 의무가 크던 시절에 서울대학교에서 학부나 대학원을 다녔다면, 이는 이미 전에도 제2외국어 교과목이 별로 '효과'가 없다는 증거가 될 테니까 말이다. 상술한 여러 현상들은 학부과정에서 제2외국어 교육의 목표와 가치, 의의에 대해 다시 질문할 필요성을 제기한다.

   마지막으로 현장에서 교육을 담당하는 교수의 입장에서 더욱 시급한 문제점은 서울대학교의 제2외국어 교육에 대해 학생들 역시 그다지 만족하고 있지 않다는 사실이다. 학생들의 불만은 2014년 7월 〈서울대저널〉 127호에 실린 기사 「제2외국어 강의 시스템, 그 참을 수 없는 무질서함」에 잘 정리되어 있다. 이 기사의 필자는 학문 다양성의 관점에서 제2외국어의 필요성에 대한 학생들의 대체로 올바른 인식을 잘 표현하고 있다. "제2외국어는 '인문학의 다양성'이라는 측면에서 큰 중요성을 갖는다. 특히, 대부분의 교양 외국어 강의에서는 단순히 외국어의 문법이나 읽기 능력을 향상시키는 것뿐만 아니라, 그 나라의 문화나 태도를 이해하도록 하는 것에도 다양한 노력을 기울인다. 그렇기에 제2외국어 교육이 단순한 기술 교육이 아닌 교양 강의, 인문학 강의로 인정받을 수 있는 것이다." 또한 서울대학교가 다양한 제2외국어 강의를 제공하고 있다는 점에 대해서 긍정적인 평가를 내린다. 그러나 기사의 제목이 잘 보여주고 있듯이 제2외국어 강의에 체계성이 결여되어 있다는 점에 대해서 날카로운 비판을 하고 있다. 첫째로, 강의를 담당하는 개설학과가 각각 다르기 때문에 강의의 운영과 관리가 체계적으로 이루어지지 않고 있다는 점, 둘째로, 랩 수업 강사의 자격 기준이 엄격하지 않다는 점, 셋째로, 중급 외국어 과정에는 랩 수업이 제공되고 있지 않다는 점, 넷째로, 강사 수급과 관련한 외국어 교육 환경의 불안정성이 그 비판의 요지다. 서울대학교 인문대학이라는 실제적 교육 기구의 차원에서 '외국어 교육의 무질서함'이라는 비판은 반드시 극복해야 할 과제이다. 이는 외국어 교육을 담당하는 단일 해당 학과만의 문제가 아니고, 여러 학과들이, 나아가서는 인문대학 전체가 합의하여 시스템을 정비하고 미래에 대한 전망을 확보해야 한다.

3. 제2외국어 교육의 '진정한' 효용성

이처럼 좁은 의미의 '효용성'이라는 측면에서 볼 때, 제2외국어 교육은 분명 비효율적이라는 비판을 받을 수 있다. 따라서 제2외국어 교육의 진흥을 바란다면, 서울대학교에서 비전공 학생들을 대상으로 하는 제2외국어 교육이 갖는 진정한 '효용'이 무엇인지 생각해볼 필요가 있다.

제2외국어 교육의 필요성은 일반적으로 다음과 같이 정리된다.

> 세계화란 다언어·다문화주의로의 지향이다.
> 외국어 교육은 의사소통을 넘어 사유의 확장이다.
> 외국어 교육은 세계관을 넓혀준다.
> 외국어 교육은 타문화를 이해하여 평화 공존의 지혜를 익히게 한다.
> 외국어 교육은 우리의 언어와 문화 발달에 기여한다.[12]

이를 다시 요약하자면, 언어 습득을 통한 사유의 확장, 타문화의 이해와 문화다양성에 대한 인식, 언어 현상에 대한 비판적 이해를 통한 우리 언어와 문화 발달에 대한 기여로 정리할 수 있다.

    제2외국어 교육의 기본 목표는 당연히 '의사소통 능력의 향상'이다. 그렇기 때문에 서울대학교에서는 제2외국어 교육에서 전통적인 문법과 독해만이 아니라 회화 등 실용적인 부분에도 많은 비중을 부여한다. 그러나 이것이 언어의 '도구적' 측면만을 강조한다는 뜻은 아니다. 소위 '자동번역'이 급격히 발전해가는 오늘날, 외국어 교육, 특히 제2외국어 교육이 과연 필요한가 하는 질문을 자주 접할 수 있다. 그러나 이에 대한 답변은 의외로 간단할 수 있다. 이는 전자계산기, 그리고 컴퓨터가 수학 교육을 없애지 못한 것과 마찬가지다. 좁은 의미에서의 '효용성'만을 생각한다면 대다수의 사람들이 학교를 졸업하고는 평생 한 번도 써먹을 기회가 없는 미적분이나 벡터 등은 배울 필요가 없을 것이다. 수학 교육의 목적이 '실용성', '미래를 위한 준비', '도구 교과'로서의 성격에 국한되지 않으며, '세계에 대한 이해', '학문적 가치', '합리적·논리적 사고 발달', '사회성·의사소통 능력 향상', 그리고 수학 그 자체의 '심미성'에서도 찾을 수 있듯이,[13] 외국어 교육의 목적도 협애한 의미의 '실용성', '도구적 가치'로 환원되지 않는다. 언어는 단어들을 어떤 공식에 따라 규칙적으로 배열한 것이 아니다. 만일 언어라는 것이 그렇게 단순했더라면 기계번역은 이미 오래전부터 가능했을 것이다. 각 언어는 나름대로의 고유한 구조와 특성, 역사성을 가지고 있어서 외국어를 해석하는 데는 논리적 사고와 상상력을 필요로 한다. 외국어 습득이 가져다주는 '세계에 대한 이해', 외국어 자체가 가지고 있는 그 자체로서의 '학문적 가치'와 '심미성'은 부정할 수 없으며, 무엇보다도 외국어 학습은 '논리적 사유'와 '상상력' 함양에 필수불가결한 '학문의 기초'이자 '도구'다.

계산은 기계가 대신할 수 있지만, 문제를 설정하고 그 해결을 위한 전략을 수립하는 것은 인간의 몫이다. 기계번역이 아무리 발전한다 할지라도 주어진 문화적 맥락에서 어떤 말을 할 수 있고 해야 하는지 결정하는 것은 인간의 몫이다. 이는 해당 언어권의 문화에 대한 이해를 먼저 요구한다. 그리고 외국어를 통한 문화다양성의 체험은 그 강의의 수준이 높아야만 가능한 것은 아니며 '초급 외국어 1'의 수준에서도 충분히 이루어질 수 있다. 간단한 예로 요일명의 경우를 생각해 볼 수 있다. 7일을 하나의 단위로 삼는 것은 우리에게도 매우 익숙해진 생활의 일부분이지만, 원래는 칼데아까지 거슬러 올라가는 서양의 문화적 전통이다. 일, 월, 화, 수, 목, 금, 토라는 요일명은 육안으로 관찰 가능한 별들, 그리고 그것과 결부된 로마 신화의 신들의 이름에서 나왔다. 라틴어의 요일명이 바로 그것이다.[14] 그리고 프랑스어는 '대체로' 이 전통에 충실하다. 월요일인 'lundi'는 달 Lune, 화요일인 'mardi'는 화성 Mars, 수요일인 'mercredi'는 수성 Mercure, 목요일인 'jeudi'는 목성 Jupiter, 금요일인 'vendredi'는 금성 Vénus에, 그리고 그 별들과 연결된 신에, 어원을 둔 것이기 때문이다. 그런데 우리가 방금 '대체로'라고 말한 것은 프랑스어의 일요일 dimanche은 '해의 날'이 아니라 '주님의 날'(dies Dominica)이고, 토요일 samedi은 '토성의 날'이 아니라 유태교의 안식일을 의미하는 'dies Sabbati'에서 온 것이기 때문이다. 하지만 이 두 이름 역시 기독교화 이후 로마에서도 통용되던 명칭이다. 그런데 영어에서의 요일명은 이 전통과는 상당히 거리가 멀다. 일요일, 월요일, 토요일은 라틴 전통에서 온 것이 분명하지만, 나머지는 그렇지 않다. Tuesday는 '티르'(Tyr)의 날, Wednesday

는 '오딘'(Odin)의 날, Thursday는 '토르'(Thor)의 날, Friday는 '프리그'(Frigg)의 날이다. 오늘날에는 미국 영화의 주인공과 등장인물로 더 유명한 이 이름들은, 잘 알다시피 북유럽 신화에 뿌리를 두고 있다. 그리고 종교와 신화는 한 문화의 가장 고유한 정체성의 표현이다. 또한 영어에서는 일주일이 일요일에 시작되는 데 반해, 프랑스에서는 월요일에 시작한다. 이는 시간을 구분하는 단위 설정에서도 두 문화권의 관점이 서로 다름을 보여준다. 더구나 일주일 단위를 쓰면서도, 그리고 그 요일명이 천체와 연관이 있음을 밝히면서도 날짜와 별들 사이의 연관을 배제하는 중국과 같은 특이한 예(星期一, 星期二, 星期日)도 있다. 이처럼 외국어의 가장 초급 단계에서 배우는 요일의 이름만으로도 그 언어권의 가장 고유하고 독특한 문화에 접근할 수 있고, 문화의 이식, 충돌, 융합의 과정을 엿볼 수 있다. 물론 이는 하나의 예에 불과하다. 근본적으로는, 각 언어의 기본적 구조에 속하는 품사의 분류, 어순, 명사의 성·수, 시제, 존칭법 등은 인간과 사물, 공간과 시간을 파악하는 각 언어권의, 서로 다양하지만 모두 가치 있는, 뿌리 깊은 사유 구조를 보여준다.

　　넓은 의미에서의 인문학은 인간의 사유에 대한 연구다. 그리고 사유는 개념과 이미지를 통해 이루어진다. 그런데 언어는 개념과 이미지의 질료이자 형상이다. 개념과 이미지는 언어로 실현될 수밖에 없기에 언어는 개념의 최종적 존재 양태인 형상이며, 언어가 개념의 질료라는 말은 개념은 언어 없이는 존재하지 못하는 동시에 그 언어의 고유한 특성과 유리될 수 없다는 뜻이다. 예를 들어, 어떤 사람의 흉상을 만들 때, 그 재료가 구리인지, 화강암인지, 대리석인지, 또는 진흙인지에 따라 비록 외형은 전체적으로 같다고 해도, 그 질감과 분위기는 천차만별일 수 있다. "번역은 반역"이라는 경구도 있듯이, 개념이나 이미지를 한 언어에서 다른 언어로 옮길 때 1 대 1로 대응되는 단어를 찾기는 매우 어려우며, 그 어감을 정확히 살리기는 더욱 어렵다. 프로이트에 의해 유명해진 'unheimlich'라는 개념을 예로 들어보자. 이 개념을 자기 이론의 중심에 내세운 프로이트조차 그 구체적인 의미를 설명하기 위해 그토록 애를 썼던 이 단어에 대해, 프랑스어 위키피디아는 '불안하게 만드는 낯섦'(inquiétante étrangeté)이라는 번역을 제시하면서도 동시에 이 단어는 '프랑스어에는 등가물이 없는 단어'[15]라고 밝히고 있다.[16] 외국어에서 온 개념뿐만 아니라, 모국어로 된 개념이라 할지라도 시대에 따라, 그리고 그 개념을 사용하는 화자에 따라 내포하는 바가 매우 다를 수 있다. 바로 그러한 이유 때문에 인문과학에서 개념의 역사에 대한 연구가 전통적으로, 그리고 지금도 매우 중요한 부분을 차지하는 것이다. 예를 들어 '프랑스 18세기 전반부'라는 상대적으로 짧은 시기의 '자연'이라는 매우 익숙한 개념에 대해서도 무려 861페이지에 달하는 연구서[17]가 존재하며, 이 책은 출판된 지 60년이 넘었음에도 여전히 많은 계몽주의 연구자에게 필독서로 꼽히고 있다.

제2외국어 교육의 기본 목표는, 다시 말하지만, '의사소통 능력의 향상'이다. 그런데 인문학에서 의사소통의 상대는 단지 동시대를 사는 영어권 화자뿐만 아니라, 지금도 고유한 문화를 바탕으로 세계 속에서 자신의 위치를 정립하려고 애쓰는 지구상의 여러 언어·문화권의 주민들이며, 때로는 이미 수백, 수천 년 전에 인간과 삶의 의미에 대해 고민했던 수많은 사람들이다. 그리고 그 소중한 의사소통을 영어라는 획일화된 창구에 맡겨버리는 것은 인류문화의 관점에서 볼 때는 크나큰 손실이며, 인문학자의 입장에서 볼 때는 매우 무책임한 일이다.

결국 제2외국어 교육의 중요성은 '우리의 언어와 문화 발달', 나아가서는 타자와의 접촉을 통해 새롭게 변형된 우리 문화가 인류문화의 발달에 어떻게 기여할 수 있는가라는 근본적 문제와 연결된다. 그런데 제2외국어 학과의 존재 이유는 해당 언어 사용국 또는 문화권의 문학, 언어, 문화에 대한 이해를 바탕으로 보편적인 인문학을 발전시키는 데 있다. 이는 각 학과의 교육 목표에 명시되어 있다. 불어불문학과는 다음과 같이 밝히고 있다.

> 불어불문학과는 인문학적인 교양을 바탕으로 하여 우리 문화의 토양 위에서 프랑스 문화를 이해하고 창조적으로 수용하는 것을 목표로 하고 있다. 이를 위해 수준 높은 불어능력은 물론 불문화에 대한 기본적인 소양을 배양하고, 이를 기반으로 불문학과 불어학에 대한 심도 있는 학습을 통해 프랑스를 비롯한 불문화권의 역사와 문화를 올바로 이해하고, 이에 대한 비판적 사고를 기르는 데 교과목이 집중되어 있다.[18]

다시 말해서, 제2외국어학과는 외국문화의 단순한 수입, 또는 수용을 넘어서 우리 나름의 새로우면서도 보편적인 문화를 창조하는 것을 지향한다. 이는 같은 책에서 불어불문학과가 밝힌 학과의 설립 목표에서 더욱 강조되어 있다.

> 우리의 전통적인 예지는, 한 사회를 관찰하고 배우고자 할 때 그 사회의 외적 실체만을 눈여겨보는 것이 아니라, 그러한 외적인 실체를 이루어낸 내적인 요체를 찾는 것인 까닭에, 불문학과를 만든 것은 프랑스의 문물을 받아들이기 위해서가 아니라, 그 사회의 정신

적 활동의 구체적이며 총체적인 표출 방식인 언어와 문학을 연구하고 강의하기 위해서이다. 그것은 특정 사회의 문물을 일방적이고 수동적인 방식으로 모방하고 수입하려는 것이 아니라, 그 사회를 꽃피워 낸 정신적 자양을 섭취하여 궁극적으로는 독자적인 창조능력을 배양하려는 것이다. 실제로 우리 현대문학의 전개에 불문학이 끼친 영향이라든가, 불어불문학과에서 수학한 여러 문필가들이 한국 문단에 기여한 정도를 살펴보면, 우리 과의 창설 목적은 상당한 수준으로 성취되었다 할 수 있다. 또 우리 학계와 문화계는 물론, 일반의 사고 및 형태 전반이 걷고 있는 신대륙 편향성을 반성해볼 때, 다양성의 추구라는 과의 창설 이념은 아직도 그 시사성을 잃지 않고 있다.[19]

요컨대 학문다양성의 추구, 외국 문화의 비판적 수용, 독자적인 창조능력의 배양, 보편적 인문학 연구 등이 제2외국어 학과가 내세우는 창설 이념이다. 그리고 이러한 목표들이 우리 현대사에서 다소간 실현된 것도 부인할 수 없다. 거칠게 요약하자면, 불어불문학의 경우 초창기에서 1970년대까지 실존주의를 비롯한 프랑스의 사상 사조를 받아들이고 주요 원전들을 번역·소개했고, 1980년대에 들어서는 바르트, 푸코 등으로 대표되는 구조주의 및 후기구조주의에 대한 본격적인 연구를 진행했으며, 1980년대 후반 대학원의 폭발적인 성장기에 대학원에 진입한 세대들은 장기간의 유학 과정 등을 통해 프랑스 학계에서도 인정받는 연구실적들을 생산했다. 또한 21세기에 들어서는 프랑스 문학 및 문화뿐만 아니라, 퀘벡, 프랑스어권 아프리카의 문학, 문화로 시야를 넓혀서 활발한 연구를 진행하고 있다.

그럼에도 제2외국어 학과의 장래는 그다지 밝아 보이지 않는다. 1970년대에도 20명에 달하던 학부전공생은 오히려 감소하고 있고,[20] 대학원생 및 학문후속세대의 수도 감소하고 있으며, 외국문학 및 외국학이 우리 문화계에서 미치는 전체적 영향력도 감소하고 있다. 이러한 위기는 물론 '인문학의 전반적 위기'라는 국가적, 세계적 맥락과 분리하여 생각할 수 없다.

21세기로 접어들고 인문학 및 제2외국어문학의 침체가 급격해지면서, 전국의 여러 제2외국어학과들은 '지역학'이라는 새로운 영역을 폭넓게 받아들이기 시작했다. 그 변화의 성공 여부를 따지는 일은 아직은 성급해 보인다. 하지만, 서울대학교의 경우를 보면, 이러한 지역 문화권(프랑스어권 아프리카, 동남아시아, 라틴아메리카 등)에 대한 연구를 강화하고, 또 그 연구를 통해 훌륭한 성과를 거둘 가능성은 충분해 보인다. 예를 들어, 프랑스어권 아프리카의 경우, 피식민지였던 공통의 경험을 바탕으로 하는 우리의 관점은 식민주의 과거에 대한 성찰에 있어서 식민종주국이었던 프랑스의 관점과는 확실한 차별성을 가질 수 있고, 또 이 지역에 대한 주체적 연구는 세계사적 맥락에서 우리 역사를 객관적으로 이해하는 데 큰 도움이 될 수 있다고 본다. 이는 결국 외국학 연구의 주된 목표인 타문화에 대한 독창적, 비판적 성찰을 바탕으로, 궁극적으로는 독창적인 인문학 이론 체계 수립을 지향할 가능성을 열어준다. 그리고 이러한 일은 물론 제2외국어문학 연구자들만의 과업은 아니고, 우리 인문학계 전체가 힘을 합쳐 이루어야 할 일이다. 이처럼 우리의 독창적인 인문학 이론의 정립에 큰 도움이 되었다는 평가를 받을 때, 제2외국어 교육과 연구의 효용성은 충분히 증명되었다고 스스로 평가할 수 있을 것이다.

결론

앞에서 언급한 "번역은 반역"이라는 표현의 기원을 많은 사람들은 뒤 벨레(Joachim Du Bellay)의 『프랑스어의 옹호와 선양』(*La défense et illustration de la langue française*, 1549)에서 찾는다. 이 책에서 저자는 그때까지 야만적이고 저속한 것으로 치부되던 프랑스어가 고전어 못지않은 가치를 지녔다고 주장하며, 고전문학의 도움을 받아 그 아름다움을 더욱 드높일 것을 제안한다. 저자의 주장이 단순히 선언의 수준에 그쳤더라면, 그것은 아마도 조롱거리 아니면 망각의 대상으로 머물렀을 것이다. 그러나 뒤 벨레와 롱사르로 대표되는 '플레이아드'라 불리는 일곱 명의 시인들이 자신들의 창작으로 그 주장을 뒷받침했기에 이 선언문은 프랑스 역사에 길이 남게 되고, 실제로 프랑스어는 이후 유럽의 대표 언어로 자리 잡게 된다. 오늘날 우리가 '제2외국어의 옹호와 선양'이라는 목표를 진정으로 이루기 원한다면, 서울대학교 인문대학의 제2외국어 학과 각각이 자신의 교육 목표와 교육 과정에 대해 더욱 깊은 반성과 성찰의 노력을 경주하고, 학과의 벽, 중등교육과 대학교육의 틀을 넘어 보다 적극적인 의사소통을 통해 공동의 목표를 설정하며, 인문학의 일부로서 자신의 소임을 충실히 해야 할 것이다.

1. 2018년 수능의 경우, 아랍어 I 과목을 선택한 수험생은 5만 1882명으로 영역 전체 응시자(7만 630명)의 73.5%에 달한다. 〈SBS 뉴스〉, 2017년 12월 11일 보도.
2. 대체로 '제2외국어의 위기'는 90년대 후반 소위 'IMF 사태'와 함께 시작되었다는 것이 중론이다.
3. 권오현, 「고등학교 제2외국어 교육의 문제점과 대응 대책」, 『서울대학교 師大論叢』 제63집, 2001, p. 183.
4. 『서울대학교 70년사』, p. 371.
5. "단과대학별 교양 이수규정", 「2017학년도 제1학기 기초교육 수강편람」, 서울대학교, pp. 64-93 참조.
6. 다음 표는 교양과정 프랑스어 수강생의 대폭적인 감소를 보여준다.

연도	91	92	93	94	95	96	97	98	99	00	01	02	03
불어 과목	1533	1352	1488	1532	1444	1250	1171	1349	1284	1078	1028	749	788
연도	04	05	06	07	08	09	10	11	12	13	14	15	합계
불어 과목	806	693	585	636	677	618	603	609	552	617	600	592	23634

위 표는 『인문대 30년사』, 2005, p. 122 및 불어불문학과 자체 통계 자료 참조. 이는 독일어의 경우에도 마찬가지다. "90년대 초반 매년 1700명에서 2200명에 이르던 '독어 1' 수강생의 숫자는 90년대 후반에는 1200명 선으로, 2000년대에 들어서면서는 1000명 이하로 급감하였다. 또한 '독어 1', '독어 2', '독어 3'과 '독어'(논자시)의 전체 수강생 숫자도 90년대 초 매년 2700명에서 3000명 선에 이르렀으나, 90년대 중반 2000명 이하로, 그리고 2000년대에 들어서면서는 1000명 이하로 급감하였다. 독어에 대한 학생들의 관심이 줄어들면서 2001년도까지 지속적으로 개설되었던 고급 수준의 독어 강의인 '독어 3'은 2002년부터 시행된 교과과정에서 제외되기에 이르렀다." 위의 책, p. 151.
7. 2006년 12월 기준. 이미 의과대학은 제2외국어과목을 미부과하고 있던 것으로 보인다.
8. 「2017학년도 제1학기 기초교육 수강편람」, 서울대학교, p. 22.
9. 그런데 더욱 안타까운 점은 제2외국어의 경시가 영어 교육에 대한 강조로 연결되지도 않는다는 점이다. 대학원 입시 및 논문제출자격시험에서 요구하는 영어의 수준 역시 많은 경우 하향 기조를 보이고 있기 때문이다. 이는 학문후속세대의 양성에 있어서 일종의 편의주의가 득세하고 있다는

진단으로 연결될 수 있다. 즉, 대학원생의 원활한 '수급'을 위하여
입학 자격을 하향 조정하고 있는 것이 아닌가 하는 의구심을 가질 수
있다.
10. 정명교, 「불어불문학 연구의 근본적인 시각 전환을 위하여 바람직한 세계학으로서의 프랑스학을 찾아서」, 『불어불문학의 가치와 미래』, 한국불어불문학회 겨울학술대회 자료집, 2017, pp. 53-61.
11. "해외 박사학위 소지자 절반 이상 미국학위", 〈한국대학신문〉 2017년 10월 11일.
12. 이근님, 「제2외국어 교육은 왜 필요한가?」, 박우성, 「외국어 교육정책 어디로 가야 하나?」, 『한국프랑스어문교육학회 2007 학술대회 자료집』, p. 10에서 재인용.
13. 김상화, 방정숙, 「수학을 왜 배우는가?—초등학생들의 이해를 중심으로」, 『수학교육학연구』 17(4), 2007, pp. 423-424.
14. Dies Solis, dies Lunae, dies Martis, dies Mercurii, dies Iovis, dies Veneris, dies Saturni.
15. 프랑스어판 위키피디아, 'L'inquiétante étrangeté' 항목 참조.
16. 참고로 우리나라에서는 '낯익은 두려움'이라는 번역을 제시하는 경우도 있다. 그리고 이 용어를 "친밀한 대상에게서 느끼는 낯설고 두려운 감정"이라고 요약한다(네이버 지식백과, 'unheimlich' 항목). 영어로는 일반적으로 'uncanny'라는 단어로 번역된다.
17. Jean Ehrard, *L'idée de nature en France dans la première moitié du XVIIIe siècle*, Albin Michel, 1994 (초판은 S.E.V.P. E.N, Paris, 1963).
18. 『인문대 30년사』, 2005, p. 21.
19. 위의 책, p. 104.
20. 입학 정원으로만 따지면 현재 제2외국어 학과의 정원은 10명이다. 그러나 전공선택 없이 광역으로 입학한 학생들이 제2외국어학과로 진입할 수 있기 때문에 실제 정원은 학년별 10명 이상이 된다.

역사서술과 역사인식

박훈

들어가며

역사학이 아무리 상아탑 안에 갇혀 있어도 그에 기초한 역사인식, 혹은 역사문제가 한 사회의 운명에 깊은 영향을 미친다는 것은 주지의 사실이다. 특히 정치와 역사인식 문제는 수시로 결합하며 강한 휘발성을 가진다. 근현대사 교과서의 '좌편향' 문제, 국정교과서 파동, 중국·일본과의 역사교과서 혹은 역사인식 문제, 유사역사학 파동 등 우리 사회를 곧잘 뒤흔드는 '역사문제' 이슈가 이를 증명한다.

한 연구자가 아무리 실증적이며 중립적인 연구를 한다 하더라도 그 연구는 결국 그 사회의 역사인식에 영향을 미칠 수밖에 없다. 그러나 연구자의 단편적이고 전문적인 연구가 곧바로 역사인식에 영향을 끼치는 것은 아니다. 역사연구는 전문가의 영역이고, 역사인식은 일반시민, 혹은 '교양시민'[1]의 영역이기 때문이다. 일반시민, 교양시민 혹은 타 전공 연구자에게조차도 역사논문을 읽으라는 것은 무리한 요구이며, 설령 읽는다 하더라도 그게 곧바로 역사인식에 끼치는 영향에는 한계가 있을 것이다. 왜냐하면 역사인식은 일종의 내러티브(서사, 서술)인데, 역사연구는 반드시 그런 것은 아니기 때문이다. 역사연구와 역사인식을 매개하기 위해서는, 달리 말하면 역사연구에 기반하여 역사상을 구축하고, 역사인식에 영향을 끼치기 위해서는 별도로 고도의 지적 작업이 요구되는데, 그것이 바로 역사서술이다.

역사서술의 필요성

역사서술은 먼저 역사학의 경험적·실증적 연구에 위배되지 않아야 한다. 어디까지나 그 연구들에 기초하지 않으면 안 된다. 그러나 역사서술이 일종의 내러티브인 이상 역사서술은 내러티브가 갖는 자체 규정성, 혹은 자기 구속력에 영향을 받지 않을 수 없다. 전문 역사연구에서도 연구자의 주관, 취사선택을 떠난 완벽한 객관성이란 존재하기 힘든 상황에서 하물며 역사서술이 역사가의 가치관, 취사선택에서 자유로울 수는 없다. 다만 수많은 개별적 실증연구에 의거하려는 끊임없는 노력이 없어서는 안 되며, 그것이 역사서술과 소설을 구분 짓는 경계지점이라 할 것이다. 단편적인 실증연구들을 넓은 시야에서 묶어내어 살아 움직이게 하고, 시대별로 흩어져 있는 사상(事象)들로부터 예리한 통찰력으로 그 역사적 의미를 간파해내는 것, 그리고 그것을 유려하고 가독성 있는 필치로 구현해내는 것, 이것이 역사서술이라는 작업이다. 이를 위해서는 역사가의 시대를 읽는 감각, 사실을 해석하는 통찰력이 필요하며 이것은 사료분석과 실증연구가 저절로 가져다주는 것은 아니다.

역사서술은 역사학의 꽃이며, 역사가가 행하는 지적 작업의 하이라이트라고 할 수 있지만, 그 사회의 역사인식에 중대한 영향을 미친다는 점에서도 중요하다고 할 수 있다. 앞에서도 말한 대로 전문적인 역사연구 논문은 일반시민이 접근하기 어렵다. 일반시민의 역사인식은 역사서술의 결과물(이를 일단 역사서라고 하자), 혹은 거기서 영향을 받아 만들어진 2차 생산물들(역사교과서, 역사서를 읽고 쓰는 저널리스트, 작가의 글들, 방송, 영화, 만화 등의 사극 영상물)에 의해 형성된다. 따라서 한 사회의 역사학계에서 역사서술이 경시되거나 제대로 이뤄지지 않으면 실증연구의 수준이 아무리 높더라도 역사인식의 왜곡은 피하기 어렵다. 왜냐하면 그 사이를 엉뚱한 '역사서술'(?)이 장악하기 때문이다. 우리 역사학계는 국제적 기준에서 봤을 때 실증연구의 수준도 만족할 만하다고 볼 수는 없지만, 제대로 된 역사서술은 더욱더 불모 상태에 있다고 할 수 있다.

우리나라처럼 여론이 맹위를 떨치는 곳에서는 일반시민의 역사인식 제고도 물론 중요하다. 사실 역사에 관련된 주요 정책들도 다른 것과 마찬가지로 이들 일반시민의 여론에 좌우되고 있는 게 현실이다. 그리고 그들의 역사인식에는 이른바 대중역사물 저술가들(많은 경우 이들은 자본, 정치권 등 권력, 대중의 국수주의 감정과 결합되어 있다)이나 언론(인터넷 포함), 영화·드라마의 역사물(실제로 최근 영화와 TV에서 역사물의 인기는 대단하다)이 커다란 영향을 미치고 있다. 나 같은 역사학자나 역사학계가 그 영역에서 할 수 있는 일에는 한계가 있다. 지성보다는 인기가, 퀄리티보다는 판매부수(시청률, 클릭 수)가 우선인 그 동네에서는 불가피하게 대중에 대한 영합이 강요되기 때문이다.

그러나 내가 보기에 우리사회의 교양시민은 이런 영역에서 공급되는 역사에 만족하지 못하고 있는 것 같다. 워낙에 읽을 만한, 혹은 볼 만한 역사물이 없어서 일부 소비하는 사람들도 있지만, 국수주의적 인기몰이나 화려한 치장 속에 정작 내용은 없는 역사 쇼에 흥미를 느끼지 못하는 교양시민층이 상당히 존재한다. 내가 가끔 외부강의에서 만나는 많은 분들은 대학생 이상으로 내 강의를 경청하고, 열심히 공부한다. 그들은 내 강의가 귀에 거슬리는 '불편한 진실'을 언급할 때도 기꺼이 지적 호기심을 표하고, 더 많은 지식을, 더 많은 책을 갈구한다. 아쉽게도 내 강의 시간은 한정되어 있고, 그들에게

권할 만한 한글 책은 더 한정되어 있다. 이제부터 얘기할 우리 교양시민의 열악한 역사인식은 대부분 그들에게 훌륭한 역사서를 제공하지 못한, 나 같은 역사학자들의 책임이고, 이것은 우리가 한 번쯤은 생각해봐야 할 문제일 것이다.

한국시민의 역사인식의 현황과 문제점

그렇다면 우리사회의 역사인식은 어떤 상태인가. 한 사회의 교양시민이 가진 역사인식은 그 사회의 지적 수준을 보여줄 뿐 아니라, 그 사회가 미래의 방향을 잡는 데도 매우 중요하다. 일본·중국과의 역사분쟁, 위안부 문제, 독도 같은 영토분쟁 등 외교의 중대 사안들은 죄다 이 역사인식과 관련이 있다. 외교뿐 아니다. 근현대사교과서 편향 문제, 국정교과서 파동, 그리고 최근의 유사역사학 문제에 이르기까지 역사인식이 국내의 정치, 사회, 문화 거의 전 분야와 큰 관련을 맺고 있다는 것은 분명하다. 어떤 이는 서양이나 이슬람에 종교분쟁이 있다면, 동아시아에는 역사분쟁이 그 자리를 차지하고 있다고 말할 정도이다.

이렇게나 중차대한 것이라면, 우리 사회의 역사인식에 관한 현황과 문제점 등을 한번 돌아보는 것은 긴요할 것이다. 모두에 열거한 문제들을 해결하기 위해서는 국사교육의 강화, '○○재단'의 설립이나 반일·반중 캠페인보다 적어도 장기적으로는 시민들의, 그중에서도 교양시민들의 역사인식 수준이 중요하다고 본다.

1. 자국사에 대한 과대평가[2]

한국인들의 역사인식(자국사 인식)은 유치하고 불안정하다. 유치하다는 것은 어른스럽지, 성숙하지 못하다는 의미이고, 불안정하다는 것은 별 근거도 없이 때에 따라 상황에 따라 자기인식이 크게 진자운동을 한다는 뜻이다. 자기과대평가와 자기폄하 사이를 수시로 왔다 갔다 한다. 먼저 과대평가를 살펴보도록 하자. 자국사가 단순한 학문의 영역이 아니라 국민설화를 만드는 기둥 중의 하나인 이상, 자국민에게 정당한 프라이드를 갖게 하는 역할을 해야 한다는 것은 부정하기 힘든 현실이다. 한국사 교과서가 대체로 긍정적으로 기술되어 있는 것은 그런 이유 때문이며(물론 한국근현대사는 그렇지 않지만), 이런 입장에서 쓰인 각국의 교과서가 충돌하여 이른바 교과서 분쟁을 일으키는 것은 어찌 보면 자연스런 일이다. 지난 20년간 한중일의 일부 역사학자들이 야심차게 추진한 공동교과서 집필이 그 선의와는 별개로 이렇다 할 효과를 내지 못한 것도 이런 구조적 문제가 가로놓여 있기 때문일 것이다. 또 우리의 국사학계가 일반적으로는 민족주의적 경향을 크든 적든 띠고 있는 것도 같은 맥락에서 볼 수 있다.

한국사에 대한 과대평가는 주로 일반시민 사이에 광범한 지지를 받고 있는 것 같다. 이것은 아마도 우리 역사의 '왜소함'에 대한 반발, 즉 '역사콤플렉스'의 일그러진 표현일 것이다. 거기에는 대체로 몇 가지 축이 있다. 가장 환호하는 것은 상고사 분야, 즉 잃어버린 '위대한 고대제국'에 대한 열망이다. 최근 문제가 되었던 유사역사학, 사이비역사학의 주장이 그 대표주자다. 주지하다시피 이 주장은 학술적으로 의심할 바 없이 입증된 주장, 즉 낙랑군이 평양에 있었다는 학설을 부정하고, 한반도 역사에 대한 중국의 영향을 극도로 축소하려 하며, 거꾸로 중국에 대한 한반도 역사의 영향을 강변한다.

또 일본에 대해서는 글의 맥락이나 복잡한 구조는 모른 척한 채 조금이라도 일본학자와 비슷한 주장이 있으면, '친일사학'이라고 강변한다. 아무리 한국과 일본의 역사학자 사이일지라도 동일한 자료로 같은 대상을 연구하면서 모든 주장이 서로 다를 수 있겠는가. 학문 이전에 상식에 속하는 일이다. 이런 태도는 맥락이나 진의는 어찌 됐든 북한과 조금이라도 비슷한 주장이면 '용공조작'을 자행했던 방식과 구조적으로 일치한다.

더 경악할 만한 것은 이것이 유사사학자들과 대중들만의 문제가 아니라는 것이다. 유튜브 등에서 상고사 관련 영상을 찾아보면, 대학교수, 대학총장, 국회의원 등등 우리 사회의 리더들도 마치 무슨 독립지사라도 된 듯한 표정으로 '위대한 상고사'에 대해 강연하거나 지지를 표하는 게 부지기수다. 이 자체가 매우 흥미로운 연구주제라고 생각될 정도다. 조금만 생각해보면, 조금이라도 관련 책을 찾아보면 금방 판단될 일을, 이 사회의 엘리트들이 저러고 있는 모습을 보면 모종의 '종교적 심정'이 머리를 마비시키고 있다고 보인다. 역사와 종교의 결합이라…, 무시무시한 일이다.

팩트와 논리에 맞지 않으면 아무리 주장하고 싶은 게 있어도 해서는 안되는 게 학문이라면, 이들의 주장은 학문이 아니다. 일제 치하 조선민족을 분기시키기 위해 비학문적인 발언을 하려는 자칭 학자라는 사람들에 대해 상허 이태준은 일갈했다. "주기율표대로 하라, 연금술은 반대한다." 학문은 연금술이 아니며 학자는 연금술사가 아니다. 연금술이 학문의 이름으로 횡행하면 그 사회는 망한다. 조선민족의 위대성을 이태준인들 소리쳐 외치고 싶지 않았겠는가. 그러나 차근차근 정석대로 하지 않고 연금술을 부려 만들어진 '민족의 위대성'은 환영에 불과하며, 그것은 결국 우리를 독립은커녕 더더욱 열등민족으로 만들 것이라는 차가운 사실을 상허는 외치고 있는 것이다.

유사역사학과 같은 수준에서 언급할 것은 아니지만, 사실 우리 학계나 지성계에 한국사를 민족주의적으로 과대해석하려는 경향은 적지 않다고 봐야 할 것이다. 이에는 민족주의적 욕망과 아울러, 한국사를 동아시아사나 세계사의 관점에서 보지 않고 일국사적 틀에 갇혀 파악하는 방법론적 결함도 큰 몫을 하고 있다. 적어도 중국사나 일본사와 비교하는 발상만 있어도 나올 수 없는 주장들이 때때로 출현하는 것은 아쉬운 일이다.

2. 자국사에 대한 근거 없는 폄하

지금까지 한국사에 대한 과대평가에 대해 살펴봤지만, 사실 한국인들의 역사의식을 지배하고 있는 것은 패배주의이며, 열등콤플렉스다. '위대한 상고사'와 과도한 민족주의적 역사해석의 저변에는 이것이 자리 잡고 있다. 따라서 양자는 동전의 양면과 같이 연결되어 있다. 달리 말하면 열패감을 지우기 위해 '위대한 역사'에 환호하는 것이다.

신문이나 잡지 등을 읽다보면 당황스러울 때가 있다. 유수의 언론인, 작가, 혹은 역사 이외 분야의 교수 등 지식인들, 혹은 법조인, 정치인 등 전문직 종사자들이 글을 쓸 때 언급하는 역사이해의 수준 때문이다. 이들의 한국사인식은 한국은 수천 년간 가난에 찌든 후진국이었고, 대한민국이 되어 처음으로 세계주요국가에 들어갔다는 것이다. 과연 그런가? 이들이 아니더라도 고구려 때 잠깐 반짝했다가 신라의 삼국통일 이후에는 '별 볼 일' 없는 역사라는 인식은 일반시민에게도 넓게 퍼져 있는 듯하다. 중국이 동북공정으로 고구려를 빼앗으려는 시도에 한국인이 격렬하게 반대하는 배경에 이런 고구려상도 한몫하고 있을 것이다.

그러나 정말 통일신라, 고려, 조선왕국은 후진국이고 별 볼 일 없는 나라였나? 예를 들어 17세기 조선은 인구 1500만 명이 먹고 살 수 있는 나라였다. 다른 나라에 비해 찢어지게 가난했던 것도 아니었다. 주자학을 비롯한 지적 수준은 잘 알려진 대로다.

이런 자기폄하 역사인식의 원인은 단연 중국 때문이다. 중국은 수천 년 동안 압도적인 문명 수준을 자랑하며 유라시아의 동쪽에 군림해왔다. 로마제국이나 이슬람제국들처럼 중국만큼의 문명 수준을 가진 제국들은 없지 않았으나 중화제국은 여러 면에서 특이했다. 그것은 2000년 넘게 장기간 존속했으며, 분열되었다가도 '천하일통'을 외치며 다시 통일되었다. 종교(유학, 불교)나 인종(한족)면에서 연속성이 강했다. 역사적 연속의식은 말할 것도 없다. 중국처럼 수천 년간의 역사를 24사(史)라는 이름으로 연속편집한 문명은 달리 없을 것이다. 또 다른 지역은 그 지역의 문명중심이 수차례 이동하였으나, 중국은 근대 이전까지 한 번도 지역에서 중심의 지위를 잃은 적이 없었다. 중국의 화이의식과 조공책봉 체제는 그 사상적, 정치적 표현이다.

언론 등에서 흔히 듣는 말 중에 "우리나라가 중국을 앞선 것은 20세기 후반 몇십 년뿐인데, 그나마도 다시 원래대로 돌아가고 있다"는 것이 있다. 그게 어디 한국뿐인가. 일본도 베트남도 다 마찬가지다. 일반적인 현상을 나만 못났다고 하니 자학사관이 따로 없다.

한반도의 지정학적 조건이라는 것은 매우 특수한, 아마도 세계사에서 유일한 케이스일지도 모른다. 흔히 우리 역사에 대해 후하게 평할 때 "중국 옆에서 살아남은 나라는 우리밖에 없다"고 하는데 결코 과분한 평가가 아니다. 베트남이 비슷한 경우라고 볼 수 있겠으나, 베이징과 하노이는 베이징과 서울에 비하면 저 너머 세상이다. 우리 역사를 바라볼 때는 이런 배경을 전제로 하지 않으면 안 된다. 한 가지 예를 들어보자.

조공책봉 체제는 중화제국의 우월성을 주변 국가들이 형식적으로, 또 실질적으로 인정하는 배경 위에서 성립한 지역질서다. 주변 각국은 중국을 상국으로 부르며 사절단을 정기적으로 파견하여 그 서열을 인정하는 뜻을 표했다. 달력도 중국연호를 썼다. 이런 관계는 '주권국가 사이의 대등한 관계'라는 현재 국제질서관의 사고방식에서 보면 불편할 수 있다. 그러나 엄연한 사실이다. 이 문제 앞에서 한국시민은 어떤 자세를 취해야 할까. 여러 양태가 있을 수 있다. 먼저 이를 외면하고 언급을 삼가는 것이다. 명백한 사실이라 부정하기는 힘드니, 연구나 언급을 회피하면서 자존감에 줄 상처를 피하는 것이다. 또 다른 자세는 '그러니 못난 역사'라며 자조할 수도 있다. 그러나 성숙한 시민의 역사인식은 달라야 할 것이다.

사실, '독립적 주권국가 사이의 대등한 국제관계'라는 관념은 17세기 유럽의 전란 중에서 발생한, 인류사에서 아주 특수한 현상이다. 이것이 전 세계로 전파되어 지금과 같은 국제관계가 만들어졌지만 인류사에서 보면 그 역사는 일천하다. 오히려 국가 간에 서열을 인정하고 그것을 바탕으로 질서와 평화를 모색하는 것이 더 일반적인 것이었다. 또 그 서열관계라는 것도 지배·종속이라는 근대의 언어로 포괄할 수 없는 매우 다양한 양상을 띠었다. 우리는 지배·종속관계라고 하면 자칫 식민본국·피식민지라는 이미지를 떠올리는데 그렇지 않다. '속국'이라는 말 자체가 지금 우리가 생각하는 의미와 크게 달랐다. 그것은 독립을 잃은 식민지, 종속국가와는 다른 상태였다. 19세기 후반 서양열강이 등장했을 때 조선과 중국의 관계를 어떻게 규정할 것인가를 놓고 대단한 논쟁이 벌어졌던 것도 그 때문이다. '속국자주'(屬國自主), 즉 국제서열에서는 종주국에 속해 있지만 내정 등 그 외 분야에서는 자주국가라는, 지금 보면 형용모순의 상태가 가능했던 것이다.

만약에 역사분쟁에 열심인 중국인이 너희는 수천 년 동안 우리의 속국이었지 않았느냐고 묻는다면 어떻게 대응해야 하나. 한국시민은 혹은 교양시민은 그에 답할 수 있는가. 어느 일본인이 우리는 조공책봉 체제에서 빠져나왔고 연호도 독자적으로 썼는데 너희는 중국의 속국이었다고 하면 뭐라고 답해줘야 하나.

한국의 역사는 중국처럼 수천 년간 지역의 패자로, 문명의 센터로 지내온 역사도 아니고, 일본처럼 저 멀리 바다 한 가운데서 지정학적 행운을 즐기며 자폐적으로 살아온 경우도 아니다. 그만큼 더 복잡하고 깊은 사연이 있다. '고투의 역사'에 대해 적절한 말인지는 모르겠으나, 지적으로 이만큼 흥미를 자극하는 역사도 드물 것이다. 독특한 조건 속에서 분투해온 한국사의 경험은 역사에서 지혜를 구하려고 하는 많은 사람에게 커다란 교훈과 영감을 줄 것이다. 따라서 위의 질문들은 역사라는 것이 무엇인지, 역사에서 무엇을 배울 수 있는지를 전혀 모르거나 아예 관심이 없는 자들의 질문일 뿐이다.

역사교육, 역사서술, 그리고 사회의 역사인식

교양시민의 역사인식이 사회에 매우 중요하다는 것은 이미 언급했다. 그렇다면 역사학계는 어떻게 그에 기여할 수 있는가. 이 지점에서 흔히 얘기되는 게 역사학의 대중화이다. 그러나 그간의 경험으로는 대중이 역사학의 세례를 받는 게 아니라, 거꾸로 역사학이 대중의 관심에 영합하는 일들이 벌어졌다. 이 양자를 매개하는 것이 자본과 상업성이기 때문이다. 지금 상태로는 연구자들이 이 구조를 흔들기란 어려울 것이다. 이곳에 들어가 적응하려 하면 인기에 영합해야 하고, 그렇게 되면 역사학자는 더 이상 학자가 아니게 되고 그가 하는 말도 역사가 아니게 된다.

결국 사회의 역사인식 개선에 관심이 있는 연구자는 먼저 교양시민을 대상으로 하는 게 좋다고 생각한다. 그들은 우리 사회의 오피니언 리더일 가능성이 높아 숫자는 적어도 영향력은 크다. 무엇보다 그들은 베스트셀러와 세간의 인기강사를 의심할 줄 알고, 그것들이 주는 지식과 정보를 싱거워한다. 또 한풀이나 나르시시즘을 위해 역사물 독서를 하는 게 아니라, 진지하게 우리사회가 혹은 인류가 걸어온 길, 그리고 걸어갈 길에 대해 관심을 갖고 있는 사람들이다.

물론 연구자의 제일가는 임무는 자기 분야에서 국제 무대에서도 통할 수 있는 업적을 이루는 일이다. 그래서 해당 분야의 일급학자들 사이에서도 존재를 인정받도록 노력해야 한다. 사실 연구자에게는 그것만으로도 벅차고 힘들다. 학자(교수)의 또 다른 중요한 임무는 후진을 양성하는 것이다. 그가 연구소 등에 있지 않고 대학에 있는 이상 이것의 중요성은 앞의 것보다 결코 뒤지지 않는다. 이 또한 매우 전문적인 일이다. 학생을(물론 일부이긴 하지만) 교양시민으로 키우는 게 아니라 역사의 스페셜리스트로 키우는 일이기 때문이다. 내 분야에서 말한다면, 현대 일본어뿐 아니라 도쿠가와 시대의 고어일본어(일본에서도 일본사학도 이외의 사람이 이를 해독하는 것은 어려운 일이다), 더 나아가 활자화되지 않은 초서체 일본어(흘려 쓴 붓글씨인데 일본어로는 쿠즈시지(崩字)라고 한다)를 가르치고 배워야 하는, 나도 학생들도 각고의 과정을 거친다. 이 두 영역의 수준이 그 사회의 역사인식을 근저에서 규정하고 있다. 교양시민에게 역사학자가 말할 수 있는 내용과 수준도 결국은 여기에 기대고 있다. 그러나 이 전문분야와 교양시민은 직접적으로 소통할 수 없다.

그럼 이 글에서 문제 삼고 있는, 역사학과 교양시민의 소통을 생각할 때 역사학자는 무엇을 할 수 있는가. 첫째 대학교양과정에서 역사교육을 강화하는 것이다. 대학생은 장래 교양시민이 가능성이 큰 사람이다. 그러나 현재 역사 과목은 기피대상이 되어 있다. 사실 역사기피 현상은 대학생만이 아니라 20-30대 젊은 세대에 공통적으로 보이는 현상이어서 더욱 우려스럽다. 반대로 드라마, 영화 등에서는 팩션(faction)이라는 이름으로 역사물이 성황 중이다. 대학생들이 역사 강의를 기피하는 이유는 여러 가지가 있을 수 있겠지만, 이를 해결하기 위해서 역사학자가 할 수 있는 일은 강의를 '잘'하는 것이다.

전공과정에서는 후진연구자 양성을 위해 전문적인 내용을 가르친다 해도, 교양강의에서도 같은 방식의 강의를 해서는 곤란하다. 사실 교수는 자기 전공내용을 비교적 쉽게 가르칠 수 있고, 또 가장 오류 없이 자신 있게 강의할 수 있다. 교양은 넓은 범위의 내용을 체계화해서 상대적으로 쉽게 강의해야 한다. 쉽지 않은 내용을 쉽게 강의한다는 것은 보통 어려운 일이 아니다. 따라서 교양강의를 하는 교수는 단단히 준비해야 한다. 많은 경우 전공이나 대학원생 강의는 전임교수가, 교양은 시간강사가 담당하는 것 같다. 전임이냐 시간강사냐가 중요한 게 아니다. 교양강의에 '열정과 능력'(강의능력은 연구능력과 별개다)을 가진 사람을 '엄선'하여 교양강의를 맡겨야 한다. 이를 위해서는 단순한 인기측정만이 아닌, 교양강의에 대한 심층적인 평가와 그만한 인센티브도 주어져야 할 것이다.

한편 전공강의라 하더라도 1, 2학년 단계에서는 비교사나 학제적 관점을 동원하여 전체 흐름에 대한 폭넓은 시야를 제공할 수 있어야 한다. 이런 점에서 서울대 3사과(국사학과, 동양사학과, 서양사학과)에서 2017년 2학기부터 개설하고 있는 3사과 공통교양과정 〈역사란 무엇인가〉와 조만간 개설 예정인 전공과목 〈비교사 및 관계사 세미나〉, 〈사료의 이해〉는 중요한 실험이 될 것이다. 또 CORE사업의 일환으로 설치된 '비교인문학전공' 과정에 〈동아시아에서의 한국어와 한국문화〉, 그리고 〈동아시아 비교사〉와 〈과학기술과 동아시아 근대사〉라는 강좌가 개설되거나 개설 예정인데, 이 또한 환영할 만한 일이다.

다음으로는 학교 밖의 교양시민에게 역사학자가 할 수 있는 일도 조심스럽게 생각해보고자 한다. 나는 가끔 입학면접시험에 참여하곤 하는데, 몇 년 전까지는 학생종합부의 독서란에 이른바 유사역사학자들의 책이 자주 보였다. 어린 학생들이 그런 책을 읽고 있다는 것도 문제지만, 그게 자기를 최대한 어필해야 하는 학생종합부에 버젓이 올라와 있다는 게 놀라웠다. 그 내용은 선생님과도, 부모님과도 상의해가며 썼을 것 아닌가.

또 어떤 교수의 얘기도 충격적이었다. 그래도 그런 사람들의 책이라도 읽어야 조선시대 당파나 당쟁이 어떤 구도였는지 알아먹겠다는 것이다. 그게 비록 부정확한 정보라고 하더라도, 다른 역사학자들이 쓴 책을 아무리 읽어도 머리에 안 들어오니 차라리 그게 낫다고. 물론 역사학자들의 서술방식을 비판하는 김에 나온 극단적인 언사이겠으나, 대학교수가 이런 마당에 다른 사람들은 오죽하랴 싶었다.

내가 가끔 접한 교양시민들의 반응도 마찬가지였다. 그들은 한국사나 세계사에 대해 '알아먹게' 쓴 책들을 문자 그대로 갈구(渴求)했다. 그들이 논문이나 연구서를 직접 읽는 것은 무리다. 어떤 이는 "일단 개설서라도 읽을까요?"라고 묻는다. 개설서가 가장 읽어내기 어렵다는 것을 잘 아는 나는 손사래를 치며 말린다.

내가 일본에 유학하면서 인상 깊었던 것은 그 학문의 깊이도 깊이려니와 교양시민을 위한, 수준도 높고 '알아먹게도' 쓴 역사서들이 서점에 즐비하다는 것이었다. 이와나미신서(岩波新書)나 고단샤(講談社) 문고, 쥬코신서(中公新書) 등등 셀 수 없이 다양하며 책값도 싸다. 게다가 그 저자들은 대부분 대학의 역사교수들이며, 이름만 들어도 알 만한 대가들도 적잖게 눈에 띈다. 모르긴 몰라도 구미역사학계도 비슷한 상황일 것이다.

우리의 경우는 전문학술서와 아무 말이나 쓰는 대중역사서가 주축이고, 교양시민이 볼 만한 역사책들은 현저히 부족하다. 가끔 있다 해도 교양시민조차 '알아먹기' 어려운 책들이 횡행한다. 책 구성은 지리멸렬, 주장은 우왕좌왕, 서술은 애매모호한 경우가 적지 않다. 비문(非文)도 너무 많다. 모처럼 용기와 시간을 내어 책을 집은 독자는 도통 알 수 없는 내용에 의지가 꺾인다. 나도 대학에 막 들어왔을 때 이제는 시험과 관계없이 광범한 독서를 하리라고 마음먹었다. 그런데 내가 잡은 많은 책이 무슨 말을 하는지 잘 이해가 되지 않는 경우가 많았다. "아 난 왜 이렇게 능력이 안 되는가" 자탄하며 책을 멀리하곤 했다. 그러나 그때 내가 이해되지 않았던 책들이 요즘 용케 책꽂이에서 발견되어 펼쳐보면, 대부분 비문과 앞뒤가 엉킨 주장으로 지금도 이해할 수 없는 문장들이었다. 이런 책들이 지적 호기심에 가득 찬 독자들을 얼마나 많이 좌절시켰겠는가. 요즘은 많이 개선되었지만 이런 사정은 번역서의 경우도 크게 다르지 않았을 것이다.

출판사들은 이런 구성과 문장의 책들이 세상에 나오지 못하도록 게이트 키퍼의 역할을 해야 한다. 한동안 저자에 비해 출판사의 권한과 권위가 낮은 우리 사회의 사정이 이런 기능을 불가능하게 해왔다. 다행히 최근 출판사의 이런 역할이 크게 개선된 것 같아 반갑고 고맙다. 이런 환경을 발판 삼아 이 영역에 의욕과 능력을 가진 역사학자들이 교양시민에게 양질의 역사물을 공급할 수 있는 길은 조금 더 넓어졌다.

교양시민과 역사학자의 소통과 관련해 지난번 모 문체부장관의 임명을 계기로 벌어진 젊은 역사학자들의 유사역사학 공격과 그 성과는 주목할 만하다. SNS, 특히 비교적 긴 문장을 쓸 수 있는 페이스북을 중심으로 전개된 공방에서 일군의 젊은 역사학자들은 명쾌한 논리와 알기 쉬운 문장, 그리고 독자와 소통하는 감각으로 논지를 펼쳤다. 많은 교양시민이 지켜보는 그 논쟁을 통해 너무도 자명하지만 전달되지 않았던 논리와 진실이 순식간에 공유되었다. 대중의 무지와 역사학자들의 소통능력 부족에 기대 번식하던 유사역사학은 효과적인 대응을 하지 못했다. 작년에 기성 역사학자들이 교양시민에게 유사역사학의 허구를 알리려는 목적에서 '고대사연속세미나'를 장기간에 걸쳐 개최했는데, 교양시민과의 소통 면에서, 유사역사학 공격의 성과 면에서 이번의 일부 젊은 역사학자들의 '활약'이 더 성공적이었다고 할 수 있다.

물론 아직 젊은 역사학자들이 이런 데에 과도하게 시간을 들이는 것도 바람직스런 일은 아니다. 교양시민과의 소통도 결국은 수준 높은 연구가 바탕을 이뤄야 하기 때문이다. 그럴 리야 없겠지만 공명심이나 영웅 심리에 도취되는 것도 경계해야 할 일이다. 그러나 연구자들이 고통스런 작업을 통해 성취한 통찰과 식견들이 완전히 고립되고, 그 자리에 엉뚱한, 더 나아가 해악적인 견해들이 횡행하는 것은 더 이상 방치

할 수 없을 것 같다. 그리고 이를 위해 인터넷상의 몇몇 논쟁이 아니라, 통찰력 있는 안목과 설득력 있는 문장으로 독자들을 흡수할 역사서술이 활성화되지 않으면 안 될 것이다.

1. 이 글에서 말하는 교양시민이란 역사학·역사물의 교양시민을 지칭한다. 그들은 역사학·역사물에 대한 지적 관심과 지적 노력을 겸비한 사람들이다. 학벌, 재산, 직업 등등은 교양시민을 가르는 기준이 될 수 없다. 다른 전공의 대학교수도, 단추공장을 운영하는 사장님도, 학생도, 편의점 알바생도 역사에 대한 지적 관심과 지적 노력을 가진 사람이라면 역사학의 교양시민이다. 나는 역사학자지만 자연과학의 교양시민이다.
2. 이 주제에 대해서는 필자가 칼럼으로도 쓴 적이 있다. 일부 문장은 그대로 전재한다(경향신문 〈역사와 현실〉: "연금술은 우리의 적"과 "한국사 감상법").

로그르 왕국의 관습과 로맨스 문법: 서양 중세 문학의 현재, 그리고 미래

김현진

'그 뒤로 영영 행복하게'

> 행복한, 행복한, 행복한 한 쌍이로다.
> 오직 용감한 자만이,
> 오직 용감한 자만이,
> 오직 용감한 자만이 미녀를 차지할 자격이 있다.[1]

> 아니, 이건 운명이에요. 오, 당신도 세상이 어떻게 돌아가는지는 알아야죠. 탑에 갇히고 용에게 포위된 공주는 용감한 기사에게 구출되고, 그러면 그들은 진정한 사랑의 첫 키스를 나누는 거랍니다.[2]

> 내가 보기에는 결혼이 내가 좋아하는 허구의 여성 인물들을, 그들이 한때 서사적 가능성의 조류를 등에 업고 자유롭게 (자유롭지 않다면 최소한 앞을 향해) 달리던 세상으로부터 격리하는 것 같았다. 이 성가시고 특이한 여자애들이 가정생활에 의해 갑자기 저지되고 포섭되고 제압되는 일은 종종 그들의 교육이 완성되고 그들 유년기의 야망이 주목받는 바로 그 순간에 일어났다.[3]

이 세 구절은 근대 이후 낭만적 사랑의 모델이 진화하고 변형되면서 서양 문화사에 남긴 작지만 의미 있는 흔적들이다. 첫 번째 구절의 출처는 존 드라이든(John Dryden)의 시 「알렉산더의 향연」("Alexander's Feast", 1697년)이다. 페르시아 정복 직후 알렉산더 대왕이 베푼 축연에서 그의 곁에 애첩 타이스(Thaïs)가 "젊음과 아름다움의 자신감이 만개한 가운데 / 활짝 핀 동방의 신부처럼" 앉아 있는 모습을 묘사하면서[4] 시인은 "오직 용감한 자만이 미녀를 차지할 자격이 있다"는 익숙한 남성성의 신화를 소환한다. 두 번째 구절은 애니메이션 영화 『슈렉』(Shrek, 2001년)에서 피오나 공주(Princess Fiona)가 던지는 대사다. "탑에 갇히고 용에게 포위된" 전형적인 상황에서 슈렉에 의해 구출된 피오나 공주는 "세상이 어떻게 돌아가는지" 통 모르고 키스를 거부하는 이 파격적인 '기사'에게 디즈니식 동화 문법, 즉 '진정한 사랑'의 원리를 가르치는 중이다. 마지막 구절은 레베카 트레이스터(Rebecca Traister)의 최근 베스트셀러 『싱글 레이디즈』(All the Single Ladies, 2016년)에서 인용한 것이다. 비욘세(Beyoncé)의 노래 「싱글 레이디」("Single Lady", 2008년) 가사에서 제목을 따온 이 책 첫머리에서 저자는 『초원의 작은 집』(Little House on the Prairie) 시리즈의 로라 잉걸스(Laura Ingalls), 『녹색 박공집 앤』(Anne of Green Gables) 시리즈의 앤 셜리(Anne Shirley), 즉 빨강머리 앤, 『작은 아씨들』(Little Women)의 조 마치(Jo March), 제인 에어(Jane Eyre) 등 자신이 좋아하는 소설 여주인공들이 결혼하는 대목이 늘 싫었다고 회고하면서 여성의 속박을 해피엔딩과 동일시하는 로맨스 서사의 전통을 문제 삼는다.

겉보기에 맥락이 판이한 듯한 이 구절들은 사실 동일한 이성애 이데올로기에서 파생되었다. 용감한 자가 미녀를 차지한다는 드라이든의 언명은 자신을 구해준 용감한 기사와 사랑에 빠지는 것을 당연시하는 피오나 공주의 판타지와 궤를 같이한다. 용기(=남성성)를 입증한 남성에게 보상으로 아름다운 여성이 주어지고 아름다운 여성은 그런 남성에 의해 구출·소유되기를 갈망하는 이 '호혜적' 관계를 낭만화하는 키워드가 바로 '진정한 사랑'이다. 물론 『슈렉』의 묘미는 이런 동화/로맨스 문법을 시원하게 비틀고 전복하는 데 있다. 하지만 기사와 공주가 '오거'(ogre)라는 친근하고 평민적인 녹색 괴물로 대체되어도 외모지상주의의 토핑만 살짝 덜어낼 뿐이지 "행복한, 행복한, 행복한 한 쌍"이 떠안는 '그 뒤로 영영 행복하게'(happily ever after)의 전망은 크게 달라지지 않는다. 결국 슈렉은 사악한 파쿠아드 경(Lord Farquaad) 손아귀에서 피오나 공주를 구한 뒤 그녀와 "진정한 사랑의 첫 키스를 나누"고 결혼하기에 이른다. (파쿠아드가 '찌질'하기 짝이 없는 난쟁이 폭군이라는 점을 감안하면 과연 외모지상주의가 극복되기는 하는가 하는 의문이 드는 것 또한 사실이다.) 트레이스터의 문제의식이 향하는 곳은 결혼과 동시에 여성의 독자적 정체성이 소멸되는 해피엔딩 구조, 즉 피오나 공주가 학습한 유형의 로맨스적 세계관이고, 『슈렉』은 바로 그런 구조를 풍자하고 희화화하는 데에서 서사의 동력을 얻는다. 그럼에도 트레이스터의 관점에서 볼 때 피오나 공주가 로라, 앤, 조, 제인보다 딱히 더 나은 처지라고 할 근거는 없다. 피오나 역시 그녀의 교육이 완성되고 그녀의 "성가시고 독특한" 매력이 주목받을 즈음에 "가정생활에 의해 갑자기 저지되고 포섭되고 제압되는" 여주인공의 전철을 답습하기 때문이다.

사랑을 통한 결혼을 궁극적 지향점으로 삼는 로맨스 이데올로기는 근대 서양에서 완성되었다. 트레이스터도 인지하듯이 셰익스피어(Shakespeare) 희극과 제인 오스틴(Jane Austen) 소설을 특징짓는 결혼 플롯은 근대 계몽주의를 대표하는 문학 장르인 교양 소설(Bildungsroman)과 결합하면서 서양은 물론 동양에서도 지배적인 이성애 모델로 자리 잡았는데, 그 대중화에 크게 기여한 것이 바로 샤를 페로(Charles Perrault)에서 그림 형제(Brothers Grimm), 월트 디즈니(Walt Disney)로 이어지는 동화 전통이다. 페로의 『지난 시대의 설화 또는 이야기』(Histoires ou contes du temps passé)는 공교롭게도 드라이든의 「알렉산더의 향연」과 같은 해인 1697년에 출간되었고, 그림 형제의 『아동용·가정용 동화』(Kinder- und Hausmärchen) 초판은 그로부터 15년 뒤인 1812년에 출간되었다. 페로의 잔혹하고 문제적인 서사는 그림 형제를 거쳐 디즈니 애니메이션에 이르면서 '아동용'과 '가정용'으로 안전하게 교화되고 산뜻하게 채색되었다. 잠자는 숲속의 미녀를 예로 들면 페로와 그림 형제에는 부재하던 '진정한 사랑'의 주제를 뻔뻔하리만치 집요하게 부각한 것이 1959년 개봉된 애니메이션판 『잠자는 미녀』(Sleeping Beauty)다.[5] 디즈니 전성기를 대표하는 이 유려한 애니메이션 도입부에서 선한 요정 메리웨더(Merryweather)는 갓 태어난 공주에게 내려진 마녀의 저주를 완화하기 위해 다음과 같은 묘책을 짜낸다.

> 예쁜 공주님, 이 사악한 마녀의 속임수로 인해서 공주님 손가락이 물렛가락에 찔린다 해도 제가 줄 이 선물에 아직 한 줄기 희망이 있을 거예요. 공주님은 죽음이 아니라 그저 잠으로 불길한 예언을 지킬 것이고, 진정한 사랑의 키스가 마법을 풀 때 그 잠에서 깨어날 것입니다.[6]

"진정한 사랑의 키스"를 죽음의 저주를 푸는 해법으로 제시하는 메리웨더의 대사가 끝나자마자 한 남성의 목소리가 노랫가락에 맞추어 "진정한 사랑은 모든 것을 정복한다"는 명제를 천명하고, 뒤따르는 서사는 이를 입증하는 방향으로 일사불란하게 재편된다. 공주와 왕자는 서로 정혼한 사이인지 모른 채 숲속에서 조우해 사랑에 빠지고, 저주가 효력을 발휘한 뒤에는 (마녀의 감옥에 갇혔다가 요정들 도움을 받아 풀려난) 왕자가 들장미 덤불을 헤치고 공주가 잠든 탑으로 향하는 길목에서 용으로 변신한 마녀와 사투를 벌인다. 이 모든 설정은 물론 페로나 그림 형제의 버전과는 무관한 것이다. 이렇게 보면 "용감한 기사"가 "탑에 갇히고 용에게 포위된" 자신을 구출해 "진정한 사랑의 첫 키스"를 선사할 것이라는 피오나 공주의 기대는 『잠자는 미녀』에서 정점을 찍은 디즈니식 동화 서사에서 유래한 것이라 할 수 있다. 『슈렉』은 이 근대적 판타지를 전복함과 동시에 복제함으로써 또 다른 판타지를 만들어내고, 트레이스터는 그 판타지를 극복할 때 여성에게 새로운 가능성이 열린다는 점을 역설한다. 어린 시절 트레이스터를 실망시킨 고전 소설들이 대략 그림 형제의 동화집 출간 시점과 디즈니의 『잠자는 미녀』 개봉 시점 사이에 세상에 나온 것은 결코 우연이 아니다.[7] 로맨스 서사가 서양에서 근대적 장르로 정립되고 문학은 물론 대중문화 전 영역에서 범세계적으로 확산된 것이 바로 이 기간, 즉 19세기 초에서 20세기 중반 사이에 일어난 일이다. 오늘날 영화와 TV 드라마 시장에서 막강한 존재감을 발휘하는 '롬콤'(romcom) 또는 '로코', 즉 로맨틱 코미디는 바로 이 로맨스 장르의 진화형이자 현재진행형이라고 할 수 있다.

우리들 다수가 이성적으로는 비판할 수 있을지언정 감성적으로는 쉽게 거부하지 못하는 이 근대적 사랑의 모델을 제대로 이해하려면 근대 이전의 서양 문학, 특히 중세 로맨스를 탐독할 필요가 있다. 중세 로맨스 세계에서 우리는 드라이든식 낭만적 사랑의 최초 설계도를 접할 수 있고, 이 설계도를 면밀히 살펴봄으로써 근대 로맨스 문법, 나아가 근대성의 신화로부터 비판적 거리를 확보할 수 있다. 우리에게 익숙한 사랑과 모험의 서사가 인위적일 뿐 아니라 대단히 위압적이라는 점을 새삼 확인할 수 있는 것이다. 이 설계도의 다른 이름은 '로그르 왕국의 관습'이다.

로그르 왕국의 관습

로맨스 장르의 핵심 설계자라 할 수 있는 크레티앵 드 트루아(Chrétien de Troyes)의 대표작 『수레를 탄 기사』(*Le chevalier de la charrette*, 1174–1181년경)에는 젠더 역학을 대단히 생소한 방식으로 정의하는 대목이 등장한다. 서구의 낭만적 사랑의 원형인 '궁정식 사랑'(amour courtois)을 가장 교과서적으로 구현했다고 평가받는 이 작품에서 주인공 기사는 아서(Arthur)의 왕비 그니에브르(Guenièvre), 즉 귀니비어(Guinevere)를 납치한 멜레아강(Meleagant)이라는 악당 기사의 뒤를 쫓으며 고군분투하던 중 어느 젊은 아가씨 집에서 하룻밤을 묵게 된다. 그에게 반한 이 아가씨는 그를 유혹하려고 갖은 애를 쓰지만, "그 기사는 심장이 하나만 있었고 / 그 하나는 더 이상 그의 것이 아니었"기에, 즉 오직 왕비만을 사랑했기에 어떤 도발에도 반응하지 않는다.[8] 이렇게 유혹이 실패로 끝난 이튿날 아침 그녀는 '그 기사'에게 아서 왕의 영토인 "로그르 왕국에서 / 우리 시대 이전부터 지켜온 / 관행과 관습에 따라서" 자신과 '한동안' 동행할 것을 요청하는데,[9] 바로 이 대목에서 화자가 개입해 다음과 같은 설명을 덧붙인다.

관습과 특권이라는 것이
이 시대에는 그래서

> 명성을 소중히 여기는 기사라면
> 숙녀든 시녀든 간에
> 홀로 다니는 여성을 만났을 때
> 그녀를 명예롭지 않게 다루느니
> 차라리 자기 목을 치려 할 것이다.
> 그녀를 강압하면 그는 영영
> 모든 궁정에서 치욕을 당할 것이다.
> 하지만 그녀가 다른 기사의
> 보호를 받고 있는데 어떤 기사가
> 그녀를 위해 그와 겨루기 원하고
> 무력으로 그녀를 차지하면
> 수치나 비난을 당하지 않고
> 그녀에게 마음대로 할 수 있다.[10]

기사는 이 조건을 받아들여 아가씨를 데리고 추격을 이어가며 그녀가 자신을 포기하고 떠날 때까지 로그르 왕국의 '관행과 관습'에 따라서 그녀를 호위한다. ('그 기사'로만 통하던 주인공은 총 7112행으로 이루어진 작품의 절반이 지난 3660행에 이르러 그니에브르가 마침내 그의 이름을 불러주었을 때 우리에게로 와서 랑슬로[Lancelot], 즉 란슬롯이 된다.) 이 관습에 따르면 여성은 혼자일 때 안전이 보장되고 보호받을 때 오히려 위험에 노출된다. 적어도 "명성을 소중히 여기는" 남성들 사이에서는 그렇다. 크레티앵은 아서 왕 시대와 자신의 시대 사이에 선명한 역사적 간극을 설정하지만 이 낯선 관습은 물론 크레티앵 자신이 고안한 것이다.

여성을 보호하기 위해 만들어진 듯한 로그르 왕국의 관습은 알고 보면 여성의 강간을 제도화하는 법이다. 12세기 프랑스 문학의 맥락에서 여성을 "강압하"고 여성에게 "마음대로" 하는 행위가 의미하는 바는 명백하다. 캐스린 그래브달(Kathryn Gravdal)이 지적하듯이 '강간'을 지칭하는 단어가 따로 없는 고대 프랑스어에서 '강압하다'(esforcer)와 '마음대로 하다'(faire son volonté)라는 표현은 여성을 목적어로 삼을 때 '강간하다'의 완곡어법이 된다.[11] 따라서 이 "관습과 특권"의 요체는 남성 대 남성의 경쟁 구도에서 승자에게 "수치나 비난을 당하지 않고" 여성을 겁탈할 권리를 보장하는 것이나 다름없다. '강하다'는 뜻의 라틴어 형용사 '포르티스'(fortis)에서 파생된 고대 프랑스어 동사 '에포르세'(esforcer)는 당대 로맨스에서 '강압하다'뿐 아니라 '분투하다', '크게 노력하다'의 의미로도 쓰였다. 12세기 말이 되면 이 단어의 명사형이 '강간'에 더해 '힘, 남성성, 용기', '기사의 영웅적 분투' 등의 뜻 또한 갖게 되는데, 그래브달의 말마따나 이 의미의 '미끄러짐'(glissement)은 봉건 기사도 문화가 강간에 대해서 취한 이중적 태도와 무관하지 않다.[12] 12세기는 궁정식 사랑을 귀족적 라이프스타일의 본보기로 제시하는 기사 로맨스가 출현하고 남녀 당사자의 구두 동의가 결혼의 법적 구성 요건으로 정착된 시기인 동시에[13] 서구 사회에서 강간에 대한 법적 잣대가 현저히 관대해진 시기이기도 하다. 『그라티아누스 교령집』(Decretum Gratiani, 1140년경)으로 대표되는 당대 교회법은 로마법 전통에서 벗어나 강간에 대한 처벌을 사형에서 파문으로 완화했고, 강간범과 강간 피해자 간의 결혼을 전자가 뉘우치고 후자가 동의하는 조건으로 합법화했다.[14] '오직 용감한 자만이 미녀를 차지할'/강압할/마음대로 할 자격을 갖는 아서 왕 세계의 관습법은 이런 사회문화적 맥락에서 만들어진 것이다.

『수레를 탄 기사』는 플롯 전체를 로그르 왕국의 '강간법'에 의존한다. 성모승천일에 아서 왕 궁정에 나타난 정체

불명의 기사(=멜레아강)는 자신이 그의 백성들을 포로로 잡고 있다며 특이한 제안을 한다. 왕의 기사들 가운데 그니에브르 왕비를 호위하고 숲으로 따라와서 자신과 싸워 이길 자가 있으면 포로들을 풀어주겠다는 것이다. 이에 허풍선이 집사장 쾨(Keu)가 잔꾀를 부려 왕의 의사와 무관하게 왕비를 호위하는 임무를 떠맡지만 결투에서 완패함으로써 왕비는 멜레아강에게 납치당하고 쾨 또한 그에게 포로로 잡힌다. '한 기사'가 "상처입고 탈진한, / 헐떡이며 땀범벅이 된" 말을 타고 한 발 늦게 납치 현장에 도착했을 때는 납치범도 왕비도 이미 사라진 뒤다.[15] 이 기사는 물론 랑슬로로 밝혀진다. 이 기이하고 파격적인 도입부는 정확히 강간법의 시나리오에 따라 전개된다. 멜레아강은 왕비가 "다른 기사의 보호를 받고 있"을 때 "무력으로 그녀를 차지"했고, 따라서 "수치나 비난을 당하지 않고 / 그녀에게 마음대로 할 수 있"는 합법적인 권한을 획득한 셈이다. 그의 행동은 왕비에 대한 욕정과 소유욕에서 비롯된 것이니 그가 납치범이자 강간미수범이라는 데는 이론의 여지가 있을 수 없다. 흥미로운 점은 랑슬로가 멜레아강에게서 그니에브르를 구출할 때도 이 시나리오가 그대로 적용된다는 것이다. 멜레아강의 홈그라운드에서 그의 아버지 바드마귀(Bademagu) 왕 참관하에 벌어진 결투는 패색이 짙어진 아들을 대신해 왕이 항복을 선언함으로써 랑슬로의 TKO 승으로 일단락되는데, 이번에는 멜레아강의 '보호'를 받는 그니에브르를 랑슬로가 '빼앗은' 모양새가 된다. 길에서 주운 그니에브르의 빗에 붙은 머리칼 반 줌을 심장 가까운 곳에 고이 간직하고, 바드마귀의 영토로 진입하는 관문인 칼날로 만든 다리를 건너느라 손, 무릎, 발이 피투성이가 되어도 그 고통이 '달콤하다'고만 여기며, 왕비의 행방을 안다는 난쟁이가 모는 죄수 호송용 수레에 바로 올라타지 않고 딱 두 발짝 멈칫거린 '죄'

로 그녀를 구하고도 감사 인사 대신 싸늘한 레이저 눈빛을 맞아야 하는 랑슬로는 그야말로 순정남 중의 순정남이고 '을' 중의 '을'인 듯하지만, 그 또한 결과적으로 "그녀에게 마음대로 할 수 있"는 승자의 권한을 부여받는다. 용서와 화해가 이루어진 날 밤 "그가 그녀를, 그녀가 그를 / 크게 욕망하는" 상태에서 랑슬로는 맨손으로 창문의 쇠창살을 끊고 그니에브르의 침실에 잠입해 그녀와 잠자리를 같이한다.[16] 두 경쟁자 간의 근본적인 차이는 그니에브르가 원하는 것이 멜레아강이 아니라 랑슬로라는 점이다. 즉, 『수레를 탄 기사』에서는 여성의 자발적 욕망이 악당과 주인공을 가르며, 주인공의 무력이 여성을 지키고 정의를 실현한다. 적어도 표면적으로는 그렇다.

같은 시기에 쓰인 크레티앵의 다른 대표작 『사자 부리는 기사』(Le chevalier au lion, 1175–1181년경)에서도 남-남-여의 강압적 삼각 구도는 기사가 수행하는 모험의 기본 포맷이 된다. 1년 안에 돌아오는 조건으로 아내를 떠나 친구와 무공(武功) 쌓기 투어에 나섰다가 약속한 기한을 어기는 바람에 사랑을 회수당하고 미쳐서 광인의 삶을 이어가던 이뱅(Yvain)은 겨우 제정신을 회복한 뒤에 이름을 숨기고 자신이 구해준 사자를 길동무 삼아 세상을 떠돈다. (그래서 '사자 부리는 기사'라는 별명이 붙는다.) 이후 이뱅의 여정은 한 여성에게 지은 잘못으로 실추된 '이름'을 다수의 여성에 대한 봉사를 통해서 만회하는 형식을 띠는데, 모험을 해결할 때마다 그에게는 에로틱한 보상의 전망과 재산 증식의 가능성이 동시에 열린다. 그의 광증을 치료해준 노리종의 숙녀(la dame de Norison)는 자신의 땅을 오랫동안 포위 공격해온 알리에 백작(le comte Alier)을 이뱅이 손쉽게 물리쳐주자 "그가 원하기만 하면 / 그를 예우하고 싶어 했고 / 자신의 전 재산의 주인으로 삼고 싶어 했다."[17] 거인 아르팽 드 라 몽타뉴(Harpin de la Montagne)에게 포위되어 두 아들을 잃고 네 아들이 포로로 잡힌 상태에서 외동딸을 내놓으라는 요구를 받는 영주 또한 거인과 싸워주기만 하면 이뱅에게 "땅이든 다른 무엇이든" 자신이 가진 것을 기꺼이 나누어줄 준비가 되어 있다.[18] (결국 이뱅은 결투에서 거인을 죽이고 영주와 그의 가족을 구한다.) 중세 로맨스 세계에서 여성과 영토 사이에 형성되는 유비 관계를 감안하면 알리에 백작이 노리종의 숙녀의 땅을 침범한 것은 그녀의 몸을 침범하는 것에 상응하는 행위고, 아르팽은 아예 명시적으로 영주의 딸을 윤간 대상으로 삼겠다고 하므로 이 두 에피소드의 갈등 구조는 멜레아강-랑슬로(쾨)-그니에브르의 삼각 구도와 사실상 일치한다. 아내가 따로 있는 데다가 목하 자숙 모드인 이뱅은 이런 제안을 번번이 '쿨'하게 거절하고 돌아서지만, 잠재적 강간범/경쟁자의 무력 '호위'를 돌파하는 순간 그 또한 랑슬로처럼 강간법에 의거해 자신이 구출한 여성을 '마음대로' 할 위치를 점하는 것만은 사실이다. 물론 로맨스 주인공인 용감하고 예의바른 기사는 자신이 구출한 숙녀를 '강압'하지 않으며, 여신급 숭배의 대상인 숙녀 또한 이론상으로는 성적 자기 결정권을 지닌다. 그러나 힘의 우위를 확보한 남성 정복자 앞에서 자발성과 강압성의 경계는 흐려지게 마련이다. 공교롭게도 이뱅 자신의 연애담이 이를 입증한다. 그의 아내 로딘(Laudine)은 그가 결투에서 죽인 기사의 아내이자 브로슬리앙드(Broceliande)라는 영지의 상속녀다. 남편이 죽은 뒤 자신의 땅을 지킬 남성이 없는 처지에서 사랑의 포로/환자 행세를 하는 이뱅의 구애가 우회적으로 자신을 압박해오자 명목상 그의 생사여탈권을 쥔, 하지만 실제로는 옴짝달싹할 수 없이 궁지에 몰린 그녀는 밤새 고뇌하고 자신을 정당화한 끝에 "아무도 불거나 휘젓지 않아도 / 연기가 나다가 / 결국 불이 붙는 장작처럼 / 자신의 노력으로 사랑의 불을 붙"이는 전무후무한 위업을 달성한다.[19] 정의가 승리한다는 결투 재판의 대전제가 무력이 곧 정의라는 논리와 맞닿아 있듯이 숙녀가 자신을 구출한 기사와 사랑에 빠지는 로맨스 장르의 관성은 무력이 사랑을 강제할 수 있다는 논리와 맞닿아 있다. 이렇게 보면 이뱅이 "다른 어떤 것보다 / 그녀가 지금 이 순간 나를 더 증오하니 / 맹세컨대 내 희망은 현명하지 않다"며 좌절하다가 곧이어 "아마 그녀는 다시 기분이 바뀔 거야. / 아니, 어떤 '아마'도 없이 꼭 바뀔 거야"라고 단언하며 '정신 승리'하는 부분은 의미심장하게 읽힐 수밖에 없다.[20] 그의 무력과 의지가 결국 로딘의 '노오력'을 촉발하기 때문이다.

이 강간법은 중세 로맨스 장르의 대표 운영 체계라고 해도 과언이 아니다. 크레티앵이 남긴 다섯 편의 로맨스는 작가 미상의 『에네아스 이야기』(Le roman d'Enéas, 1156년경), 베룰(Béroul)의 『트리스탕』(Tristan, 1155–1187년경), 토마 당글르테르(Thomas d'Angleterre)의 『트리스탕』(Tristan, 1170–1175년경), 마리 드 프랑스(Marie de France)의 단편 로맨스 모음 『래』(Lais, 1170–1180년경) 등과 함께 서양 문학사에서 로맨스의 시대를 연 작품들이다. 크레티앵의 세대가 설계하고 크레티앵 자신이 영혼을 불어넣은 로맨스 장르는 13세기 이후 영국, 독일, 이탈리아를 비롯한 서유럽 각국으로 확산되어 서양 중세를 대표하는 서사 문학으로 자리 잡았다. 크레티앵의 강간법은 좁게는 그와 그의 후계자들에 의해 정립된 아서 왕 로맨스의 모델, 즉 가장 세련되고 복잡하며 문제적인 유형의 로맨스에 적용되지만, 넓게 보면 기사 로맨스 장르 전체에 적용될 수 있는 것이다. 전형적인 기사 로맨스는 남성 주인공이 모험을 통해 자신의 기사도적 가치를 입증하고 명예를 성취하는 과정을 그린다. 이 과정에서 기사의 명예와 사랑 사이에 불가분의 관계가 형성되며, 사랑의 결실은 종종 영토의 확보나 확장을 동반한다. 이때 전형적으로 동원되는 것이 '곤경에 빠진 아가씨'(damsel in distress) 모티프인데, 로맨스 여주인공이 처한 곤경은 주로 악당의 강압적인 구애나 부모의 강압적인 결혼 압력의 형태로 제시되며, 주인공의 모험은 그녀를 이 곤경에서 구출해 사랑을 쟁취함으로써 종결된다. 강간법은 『수레를 탄 기사』나 『사자 부리는 기사』 수준으로 장르에 대한 자의식을 갖추지 않은 로맨스 텍스트에서도 플롯을 움직이는 기본 원리를 구성한다. 여성을 전리품 취급하는 것은 『일리아스』(*Ilias*, 기원전 700년경) 이후 서양 영웅 서사의 유구한 전통이었다. 아킬레우스(Achilleus)와 파트로클로스(Patroklos), 니수스(Nisus)와 에우리알루스(Euryalus), 베오울프(Beowulf)와 위일라프(Wiglaf), 롤랑(Roland)과 올리비에(Olivier)의 관계에서 드러나듯이[21] 로맨스 발생 이전의 서양 문학에서 가장 숭고하고 낭만적인 감정은 남성과 여성 사이가 아니라 남성과 남성 사이에서 발현되었으며, 여성의 '효용'은 승자의 전리품이나 정복 대상, 남성 간에 주고받는 선물·인질로 한정되었다. 11세기 말 남프랑스 서정시인들에 의해 만들어지고 12세기 중반 북프랑스에서 로맨스 장르를 통해 서사문학에 접목된 궁정식 사랑은 서사의 축을 남성 간 동성 유대에서 이성애로 이동시키는 데 결정적인 역할을 했다. 사랑에 초점이 놓이면서 여성이 서사의 중심에 들어오게 되었고, 이와 함께 사랑의 대상/주체로서의 여성이 발명되었다. 그리고 남성 주체의 정신세계가 재구성되었다. 무훈시 『롤랑의 노래』(*La chanson de Roland*, 1100년경)의 주인공인 절대 마초 롤랑은 70여 년 세월을 가로질러 랑슬로가 되면서 몰라보게 겸손해지고 예의 발라졌으며 주군과 전우에 앞서 (그리고 그들에 맞서) 그니에브르를 가슴에 품게 되었다. 하지만 기사의 이런 가상한 '개종'에도 불구하고 로맨스 세계에서 여성의 운명을 결정하는 것은 결국 남성의 무력이다. 로맨스 문법은 남성 간의 무력 경쟁을 사랑으로 치환하는 방향으로 작동한다.

  근대 이후의 로맨스 역시 중세 로맨스와 기본적으로 동일한 운영 체계를 탑재한다. 우리에게 익숙한 대중 서사는 장르와 매체를 초월해 서사 동력의 상당 부분을 로맨스 구도에서 끌어온다. 할리퀸(Harlequin) 시리즈로 대변되는 영미권 로맨스는 물론 한국 TV 드라마 절대 다수는 과거에 그랬듯이 지금도 강간법의 변주라 할 수 있는 전형적인 로맨스 플롯을 차용하고 있다. 로맨스 속 여성은 여전히 남성의 용기에 매혹되며 용감한 남성은 여전히 미녀를 차지할 자격을 갖는 것으로 그려진다. 경쟁자를 물리친 남성은 여성의 사랑을 받는 것을 당연시하지만 로맨스 문법은 여성에게 승자의 구애를 거절할 수 있는 사고와 언어를 부여하지 않는다. 무력에 의한 지배가 자본과 기술에 의한 지배로 대체된 근현대 사회에서 남성의 '용기'는 물리적인 힘에서 경제력, 기술력, 지력 등으로 다변화되었으나, 로맨스 세계를 특징짓는 삼각관계의 구조는 크게 달라지지 않았다. 전형적인 로맨스 구도에서 남성 주인공과 경쟁자 사이에는 선악의 이분법적 대립 관계가 형성된다.[22] 하지만 주인공 남성이 장애물을 제거하고 여성을 구출하는 일은 따지고 보면 "수치나 비난을 당하지 않고" 그녀를 정복할 명분을 확보하는 일과 크게 다르지 않다. 다르다면 로그르 왕국의 야만적 관습이 문명화된 사랑의 이데올로기 안으로 안전하고 맵시 있게 숨어 들어간 것이 다를 뿐이다.

로맨스 문법과 '싱글 레이디'

이제 크레티앵이 완성한 로맨스 장르 설계도의 나머지 반쪽을 들여다볼 차례다. 로그르 왕국의 관습이 규정하는 로맨스 문법에 따르면 "숙녀든 시녀든 간에 / 홀로 다니는 여성"은 남성의 위협으로부터 안전하다. 이론상 여성을 강압하거나 마음대로 하는 것이 남성 보호자 또는 경쟁자가 있을 때만 가능하기 때문이다. 크레티앵은 "명성을 소중히 여기는 기사라면" 목숨을 걸고 규칙을 지킬 것이라는 단서를 다는데, 이는 달리 말해 명성을 소중히 여기지 않는 기사나 기사 신분이 아닌 파렴치한에게는 그런 행동을 기대할 수 없다는 뜻이기도 하다. 혼자인 여성이 보호받는 여성보다 안전하다는 발상은 크레티앵의 시대는 물론이고 여전히 '여혐' 범죄의 잔혹한 그림자 속에서 살고 있는 우리 시대의 관점에서도 지극히 비현실적이지만, 그럼에도 크게 시사하는 바가 있다. 남성의 응시와 욕망에서 벗어날 때, 즉 로맨스가 미화하는 이성애 구도에서 안전하게 거리를 유지할 때 여성이 오히려 자유로워지는 것은 부인할 수 없는 사실이기 때문이다. 크레티앵이 로맨스 운영 체계를 우회할 수 있는 방법으로 심어둔 이 '치트키'는 800년 이상의 시간을 가로질러 "독신 여성의 시대"에 트레이스터가 도달한, "세상에서 더 정당하고 공평한 지위를 갖기 위한 여성의 오랜 투쟁에서 여성 자신의 독립이 결정적 도구가 된다"는 탈근대적 인식에 의해 뜻하지 않게 복원된다.[23]

『사자 부리는 기사』에서 로딘의 시녀이자 조언자로 나오는 뤼네트(Lunete)는 로맨스 장르가 창조한 '싱글 레이디'의 전형이라 할 만하다. 그녀는 이뱅이 치명상을 입은 로딘의 남편을 뒤쫓아 성안으로 들어갔다가 고립되었을 때 홀연히 등장해 예전에 진 빚을 갚겠다며 그를 돕기 시작하는데, 놀라운

지략과 수사를 발휘해 로딘이 결국 이뱅과의 결혼을 받아들일 수밖에 없게 만든다. 결말부에서 곤경에 처한 로딘을 다시 논리의 덫에 걸리게 해 "진실한 이뱅 경과 / 그의 소중하고 진실한 연인 사이에 / 끝없는 화해"를 이루어내는 것 역시 전적으로 뤼네트의 역할이다.[24] 이뱅이 아무리 출중한 기사라 해도 그녀의 개입이 없었다면 로딘과의 사랑이 성사되거나 회복되는 일은 없었을 것이다. 이런 뤼네트 또한 이성 관계로부터 완전히 자유롭지는 않다. 이뱅의 결혼식 직후 아서 왕 일행과 함께 로딘의 땅에 도착한 고뱅(Gauvain)은 '절친' 이뱅을 도운 그녀를 "자신의 친구"(s'amie)라 부르며 그녀의 기사가 될 것을 맹세하고, 곧 "두 사람은 서로를 알게 되었다"는 서술이 이어진다.[25] 궁정식 사랑의 맥락에서 '친구'라는 호칭이 이성 간에 쓰일 때 성적인 함의를 갖는 것은 분명하지만, 이들의 '앎'은 어디까지나 일시적이며 독자 입장에서는 정의 불가능한 것이다. 로딘과 달리 뤼네트는 궁정식 사랑의 구도에 포섭되지 않으며 남성들의 성적 위협에 시달리지 않는다. 물론 그녀는 이뱅이 로딘의 사랑을 잃은 뒤에 모함을 받아 반역죄를 뒤집어쓰고 처형당할 위기를 맞기도 한다. 이때 정체를 숨기고 돌아와 결투 재판에서 이기고 그녀를 구하는 것이 이뱅이다. 그러나 그녀는 무력의 변동에 따라 남성들 사이에서 유통되는 로딘이나 그니에브르와는 처지가 사뭇 다를 뿐 아니라 이뱅의 도움으로 누명을 벗은 뒤에 로딘의 신뢰를 회복하고 '궁정인' 또는 정치가로서 재기에 성공한다. 화자는 그녀가 "머리칼이 다갈색인 매력적인 아가씨이며 / 매우 현명하고 지적이고 명민했다"고 서술하는데,[26] 세상 모든 젊은 여성에게 아름답다는 수식어가 따라붙고 누가 뭐래도 금발이 미의 표준인 중세 로맨스의 세계에서 이 정도 호언이 결코 외모에 대한 찬사가 될 수는 없다. 로딘과 달리 남성의 시선에 최적화된 외모가 아닌,

그래서 남성 경쟁자들 사이에서 사랑/강간의 대상으로 인지될 우려가 없는 뤼네트는 자신에게 주어진 다른 종류의 재능, 즉 현명함과 지성, 명민함을 십분 발휘해서 자신만의 영역을 확보한다. 그녀의 영역은 로맨스 인식 체계 밖에 위치하기에 텍스트 안에서 가시화되지 않지만, 바로 이 비가시성으로 인해 그녀가 남성의 욕망으로부터 안전한 거리를 유지할 수 있는 것인지도 모른다.

중세 로맨스 세계에서 싱글 레이디는 남성 인물과 남성 중심 질서에 도움이 되는 만큼 위협이 되기도 한다. 이들의 자율성이 종종 남성성에 종속되지 않는 다른 차원의 힘과 연관되기 때문이다. 로딘의 남편을 뒤쫓아 성안에 들어간 이뱅이 성주의 살해범을 찾는 데 혈안이 된 사람들 사이에서 목숨을 건질 수 있었던 것은 홀연히 나타난 뤼네트가 건넨 마법 반지 때문이었다. "눈에 보이지 않게 / 나무속을 가려주는 껍질과 / 똑같은 힘"을 지닌 이 반지 덕분에[27] 이뱅은 모습을 숨기고 성주의 장례식 장면을 지켜보다가 남편을 애도하는 로딘과 사랑에 빠진다. 로맨스 장르에서 마법은 여성적인 힘으로 간주되며, 마법을 사용하는 여성은 뤼네트처럼 전형적으로 싱글 레이디로 재현된다. 이성 관계를 거부한다는 의미에서가 아니라 뤼네트가 그렇듯이 남성의 욕망의 대상이 되지 않고 생존을 위해 남성의 무력에 기댈 필요가 없다는 의미에서 싱글 레이디라는 것이다. 아서 왕 로맨스 전통에서 가장 두드러진 싱글 레이디는 모간 르 페이(Morgan le Fay)와 호수의 숙녀(La Dame del Lac)다. 굳이 나누자면 모간은 아서 왕과 남매지간이면서도 호시탐탐 그와 귀니비어의 목숨을 노리고 원탁의 기사들을 욕망·감금하는 나쁜 마녀, 호수의 숙녀는 란슬롯의 양육자 겸 후견인이자 아서 왕의 조언자인 착한 마녀라 할 수 있다. 그러나 문학사에서 이들의 경계는 의외로 선명하지 않다. 아서 왕 세계에서 모간은 악녀이기에 앞서 규정 불가능한 존재로 그려진다. 영문학을 예로 들면 작가 미상의 『가웨인 경과 녹색 기사』(Sir Gawain and the Green Knight, 1350-1400년경)는 녹색 기사를 아서 왕 궁정에 보낸 모간에게 "원탁의 위대한 명성에 관해 / 떠도는 말이 진실인지를 시험하려는" 정당한 의도와 "귀니비어를 놀라게 해서 죽음에 이르게 하려는" 사악한 의도를 동시에 부여한다.[28] 토마스 말로리(Thomas Malory)의 『아서 왕의 죽음』(Morte Darthur, 1469-1470년)은 아서 왕이 치명상을 입고 엑스칼리버(Excalibur)를 호수에 반납하는 시점에서, 모간에게 호수의 숙녀를 포함한 세 숙녀와 함께 나룻배를 타고 나타나 왕을 어디론가 데려가는 역할을 맡기지만, 막상 그녀의 의도가 선한 것인지 악한 것인지, 왕을 치유하려는 것인지 해치려는 것인지, 그녀가 왜 하필 호수의 숙녀와 동행하는지 의문만 키울 뿐 답을 주지 못한다.[29] 모간의 이런 불투명성과 불편한 존재감은 점차 호수의 숙녀에게 전이된다. 그래서 『메를랭 속편』(La suite du Merlin, 1235-1240년경)이라는 13세기 프랑스 로맨스에서는 필자가 다른 글에서 지적했듯이 호수의 숙녀가 남성적 불안감의 근원이자 "참수당해도 되살아나고 참수하려고 해도 참수할 수 없는 불가해하고 불가능한 존재"로 각인되기에 이른다.[30]

    호수의 숙녀는 발랭의 손에 한 번 참수되고, 그녀를 염두에 둔 것이 분명한 디아나의 에피소드를 통해 '전생'에 해당하는 먼 과거 속에서 한 번 더 참수된다. 하지만 사냥꾼 아가씨 니니안이 디아나가 참수된 호숫가에 집을 짓고 멀린에게 마법을 전수받아 명실상부한 호수의 숙녀로 등극함에 따라 보란 듯이 또 '환생'한다." 다시 말해, 『메를랭 속편』은 호수의 숙녀를 참수한 뒤에 곧바로 다른 호수의 숙녀를 투입하고, 새로 투입한 호수의 숙녀를 또 참수할 수 없어서 그 둘 사이에 이미 유골이 된 디아나를 소환해 그녀를 대리참수하는 것이다. 하나를 참수하면 다른 하나가 빠져나가고 참수하고 참수해도 악령처럼 어김없이 되돌아오는 이 어둠과 마법의 딸들의 존재는 텍스트가 여성과 여성성에 대해 느끼는 실체 없는 불안감이 정신분열증의 경지에 이르렀음을 보여준다.[31]

이쯤 되면 선악/피아를 따지는 것은 별다른 의미가 없다. 장르의 문법에 의해 서사에 진입한 싱글 레이디가 남성의 이해와 접근을 불허하는 미지의 영역을 점유하는 순간 남성적 힘, 즉 무력으로 그들을 통제하는 것은 사실상 불가능해진다.

그런데 이런 싱글 레이디가 중세 말기부터는 서서히 결혼 제도 안으로 포섭되기 시작한다. 아서 왕 로맨스의 15세기 영어 집대성본인 말로리의 『아서 왕의 죽음』에 포함된 「가레스 경 이야기」("The Tale of Sir Gareth")가 그 단적인 예다. 이 이야기에 등장하는 리오네트(Lyonett)는 이름은 물론 역할까지 뤼네트를 연상시키는 여성이다. 붉은 땅의 붉은 기사(Red Knight of the Red Lands)에게 포위당한 언니 리오네스(Lyonesse)를 구할 기사를 찾아 아서 왕 궁정에 온 그녀는 허우대만 멀쩡하지 싹수가 노래 보이는 신원 미상의 청년이 자신을 따라나서자 단계적으로 관문을 돌파하면서 목적지인 '위험한 성'(Castell Perelus)으로 향하는 동안 그를 줄곧 하대하고 그의 무공을 번번이 평가절하한다. 이 청년은 나중에 아서 왕의 조카이자 가웨인(Gawain)의 막내 동생 가레스(Gareth)로 밝혀지는데, 리오네트는 경험이 일천한 그를 자극해서 인내심을 키우고 그의 억제된 분노를 전투력으로 승화시키는 '악역'을 맡는다. 가레스가 붉은 땅의 붉은 기사를 물리치고 리오네스와 예측 가능한 사랑에 빠진 뒤에는 이들의 "뜨거운 사랑"이 혼전 성관계로 이어지는 것을 막기 위해 냉정하게 마법을 동원하는 일 또한 그녀의 몫으로 주어진다.³² 리오네트 역시 뤼네트처럼 주인공의 모험과 성취를 시종일관 배후에서 조종하는 인물인 셈이다. 그녀는 뤼네트나 다른 싱글 레이디처럼 이동의 자유를 완벽히 보장받고 신출귀몰하지만 자신은 어떤 위험에도 노출되지 않는다. 그런데 말로리의 텍스트는 이런 리오네트를 결말부에서 아주 이상한 방식으로 보내 버린다. 가레스와 리오네스의 결혼식 날 아서 왕이 리오네스의 자매인 리오네트, 로렐(Lawrell)을 밑도 끝도 없이 가레스의 형인 가헤리스(Gaheris), 아그라베인(Aggravayne)과 결혼시키는 것이다. 가헤리스는 그전까지 리오네트와 한 번도 연계된 적이 없고, 그와 아그라베인 모두 「가레스 경 이야기」에서 별다른 역할이 없으며, 로렐은 그전에도 그 뒤에도 아예 이름조차 언급되지 않는 인물이므로 주인공 커플을 제외한 나머지 두 쌍의 결혼은 사실상 플롯의 유기적인 일부가 되지 못한다. 이성애 구도를 비켜감으로써 자립이 가능했던 크레티앵의 싱글 레이디 모델은 중세의 끝자락에도 건재하나 말로리에 이르면 뤼네트의 후예에 해당하는 인물이 서사가 종결된 뒤에 플롯의 흐름과 무관하게 결혼 제도로 편입되는 일이 벌어지는 것 또한 사실이다.

근대 이후 로맨스 역사는 어쩌면 남성적 응시와 욕망의 대상이 로딘/리오네스에서 뤼네트/리오네트로 옮겨가는 과정이라고 할 수도 있다. 일례로 『아서 왕의 죽음』을 운문 번안한 알프레드 테니슨(Alfred Tennyson)의 『왕의 목가』(*Idylls of the King*, 1859-1885년)의 「가레스와 리네트」("Gareth and Lynette") 편은 가레스의 모험을 일종의 말괄량이 길들이기로 재구성한다. 모험의 시작은 「가레스 경 이야기」와 크게 다르지 않다. 아서 왕의 궁정에 도움을 청하러 온 리네트는 언니 리오노스(Lyonors), 즉 리오네스를 위해서 싸울 기사를 찾는데, 사연인즉 '죽음'이라는 별명을 지닌 기사가 "그녀의 의지를 꺾어 자신과 결혼하게 만들기 위해서" 그녀를 포위하고 있으며 아서 왕의 최고 기사 란슬롯과 싸워 이김으로써 그녀를 '명예롭게' 쟁취하기를 희망한다는 것이다.[33] 따라서 리네트가 의뢰한 모험의 얼개는 강간법에 근거한 로맨스 문법에 정확히 부합한다. 하지만 세 명의 기사가 지키는 세 단계 예비 관문을 통과하는 동안 리네트의 험담과 경멸은 점차 존경과 관심으로 바뀌고, 가레스가 (알고 보니 갑옷 입은 소년에 지나지 않았던) '죽음'을 손쉽게 꺾는 시점에 이르면 원전(原典) 후반부가 통째로 생략된 채 다음과 같이 황급히 서사가 종결된다.

> 그러자 땅속에서 더 행복한 날이 솟아올랐고
> 리오노스 아가씨와 그녀의 가솔들은 춤추며
> 환호하고 노래를 불렀고, '죽음'이
> 그들의 어리석은 두려움과 공포에도 불구하고
> 그저 꽃 같은 소년으로 밝혀진 것에 기뻐했다.
> 즐거움은 그만큼 컸고 가레스는 모험을 완수했다.
>
> 오래전에 이 이야기를 한 이는
> 가레스 경이 리오노스와 결혼했다고 하지만
> 나중에 이야기한 이는 그게 리네트였다고 한다.[34]

가레스가 엉뚱하게 리네트와 짝을 짓는 결말은 한편으로 로그르 왕국의 관습에 위배되는 것이지만 다른 한편으로 매우 근대적인 발상이기도 하다. 트레이스터가 지적하듯이 "이 성가시고 특이한 여자애들이 가정생활에 의해 갑자기 저지되고 포섭되고 제압되는 일"이 리네트가 싱글 레이디로서 주어진 임무를 완수하는 순간에 정말로 일어나기 때문이다. "오래전에 이 이야기를 한" 말로리와 달리 "나중에 이야기한" 테니슨은 곤경에 빠진 아가씨의 전형인 리오노스보다 의사 표현이 분명하고 도발적인 리네트에게 더 매료된 것임에 틀림없다. "명성을 소중히 여기는 기사라면 / 숙녀든 시녀든 간에 / 홀로 다니는 여성을 만났을 때 / 그녀를 명예롭지 않게 다루느니 / 차라리 자기 목을 치려" 하는 것이 로맨스 세계의 마땅한 도리이나 작가/텍스트의 욕망이 그런 여성을 인식하는 순간 이 불문율은 깨어지고 리네트는 더 이상 남성으로부터 '안전'할 수 없다. 말로리에서 이미 예견된 변화가 테니슨에게서는 그야말로 적나라하게 나타나는 것이다. 트레이스터가 "죽음의 서사적 등가물"로 본, "전면 중앙에서 움직이는 로라"와 "똑똑하고 수완 좋고 우울한 제인"의 결혼은 아서 왕 로맨스의 역사에 대입할 때 뤼네트나 리오네트가 근대에 이르러 맞닥뜨리게 되는 운명과 의미심장하게 중첩된다.[35]

  로맨스의 진화된 '관습'은 더 영리해지고 개성이 강해진 근대의 여성을 홀로 내버려두지 않았다. "명성을 소중히 여기는 기사" 또는 신사는 이제 셰익스피어의 페트루치오(Petruchio)가 그랬듯이 얌전한 비앙카(Bianca) 대신에 말괄량이 케이트(Kate), 로딘과 귀니비어 대신에 뤼네트와 모간을 '명예롭게' 욕망하는 법을 배우게 된다.[36] 그들의 마법 같은 자율성을 로맨스 문법 안으로 끌어들이는 요령을 터득하게 되는 것이다. 한편 그들이 옮겨간 빈자리, 남성의 시선이 닿지 않는 그곳은 더 만만하고 덜 위험한 여성들로 채워지기 시작한다. 푸코(Michel Foucault)가 역설했듯이 정신병, 병원, 감옥,

동성애를 고안한 것이 근대라면, '노처녀'를 고안한 것, 즉 과년한 미혼 여성을 비정상 또는 '잉여'로 인식하기 시작한 것 또한 그 못지않게 근대적인 사건이라 할 수 있다.37 이 구도는 20세기 디즈니 애니메이션에서도 충실히 재현된다.『잠자는 미녀』에 나오는 '노처녀' 넷 역시 예외는 아니어서 마녀 말레피센트(Maleficent)는 악의 비정상성과 주변성을 일차원적으로 체현하는 인물이며, 공주의 대모, 보모, 가사 도우미를 겸하는 중년의 세 요정은 마법과 선의로 무장했지만 살짝 과하게 수다스럽고 집안일에는 전혀 소질이 없으며 결정적인 순간에 능력치가 알아서 급감하는—셋이라서 자잘하게 사고 칠 여지가 오히려 세 배로 커졌고 (즉, 존재 자체가 과잉이고) 여성으로서 하자가 있으나 남성의 불안감을 크게 자극할 일은 없는—무해한 인물들로 그려진다. "선택에 의해서든 우연에 의해서든 미혼으로 남은 여성이 붉은 글자를 달거나 쓰지 못한 웨딩드레스를 입고 춤추거나 수면제를 과다 복용할 운명이었"던 것은 트레이스터의 말마따나 그리 먼 과거의 일이 아니다.38 적어도 이 점에서는 근대 소설이 중세 로맨스보다 여성에게 더 억압적인 구석이 있는 것이 사실이다. 중세 로맨스 세계에서 "홀로 다니는 여성"은 싱글이라는 이유로 헤스터 프린(Hester Prynne)이나 미스 해비샴(Miss Havisham), 릴리 바트(Lily Bart) 같은 처지에 놓이지 않는다.39

로맨스의 시대, 그리고 미래

로그르 왕국의 관습을 계승·변형한 근대 로맨스 문법은 오늘날에도 유효하다. 수업에서 중세 로맨스를 읽고 그 현대적 변주에 해당하는 영화나 애니메이션을 감상한 학생들 일부는 우리 시대의 로맨스가 과거의 로맨스와 질적으로 다르다는 반응을 보이게 마련이다. 다시 『슈렉』을 예로 들면 피오나 공주는 그니에브르나 로딘보다 훨씬 더 진취적이고 자유분방해 보일 수 있다. 이 글 첫머리에 인용한 대로 고전적 구출 판타지를 꿈꾸며 잠에서 깨어난 그녀는 그 뒤로 로빈 후드(Robin Hood) 패거리를 『매트릭스』식 공중부양 일시정지 쿵푸 킥으로 격퇴하고, 거미줄로 날파리를 감아 솜사탕을 만들고, 들쥐 통구이를 맛깔나게 먹어치우는 등 여느 로맨스 여주인공에게서 기대할 수 없는 내숭 제로의 파격 행보를 거듭한다. 무엇보다 영주인 파쿠아드를 마다하고 오거인 슈렉과 얼핏 보기에 반로맨스적 사랑에 빠진다. 그럼에도 그녀는 끝내 두 남성 간 대결의 승자와 사랑의 키스를 나누고 결혼을 통해 해피엔딩에 안착한다. 더 성가시고 더 특이한 여자애가 될지언정 로맨스 문법에서 이탈하지는 못하는 것이다. 피오나 공주는 "진정한 사랑의 첫 키스를 찾고 사랑의 진정한 외양을 취할 때까지" 낮에는 미모의 여성으로, 밤에는 못생긴 오거로 살아야 하는 저주에 걸려 있다. 그런 그녀가 키스를 한 뒤 미녀가 아닌 오거로 외모가 고정되는 것은 놀랍고 신선한 반전인 만큼 로맨스 이데올로기에 충실한 결말이기도 하다. 이 영화에서 "사랑의 진정한 외양"(love's true form)은 결국 사랑하는 남성의 외양과 다르지 않기에 피오나는 첫 키스 상대가 파쿠아드였다면 아마도 그와 비슷한 단신(短身)이 되었을 것이고, 잘생긴 왕자님(Prince Charming)이었다면 낮에만 허용된 팔등신 미모를 밤낮으로 유지할 수 있었을 것이다. 여성이 고유한 본질을 갖지 못하고 자신을 구출하는 남성에 의해 정체성이 구성된다는 발상은 여성의 몸과 감정을 남성 간 무력 경쟁의 종속 변수로 만들어버리는 로그르 왕국의 관습의 연장선에 있다. 『슈렉』은 로맨스 장르의 최초 DNA가 오랜 자연 도태 과정을 거친 뒤에도 거의 훼손되지 않았음을 보여주는 작품이다.

우리는 그 어느 때보다 로맨스의 위안이 필요한 시대를 살고 있다. 이상과 너무 다른 현실을 살아야 하는 이들에게 로맨스가 필요하듯이 이상을 실현하기 위해 깃발을 든 이들, 그들을 아름답게 기억하려는 이들에게도 로맨스는 필요하다. 스물한 살 꽃다운 나이에 최루탄을 맞고 숨진 청년의 삶이 영화 속에서 로맨스로 채색되는 것도 이런 맥락에서 이해할 수 있다.[40] 무장 공권력과의 '대결'에서 소녀를 구출하고 그녀의 마음을 사로잡지만, 뒤이은 항거 현장에서 경찰의 무력 진압에 희생되어 목숨을 잃는 청년의 이야기는 비극이어도 충분히 로맨스적이다. 랑슬로나 트리스탕처럼 모든 것을 바쳐 사랑을 얻고도 해피엔딩에 이를 수 없는 남성 주인공 모델은 로맨스 태동기부터 면면히 이어져 왔으며, 우리에게 익숙한 근대 서사에서 그 흔적을 어렵지 않게 찾을 수 있다. 예컨대 고전 서부극 『셰인』(Shane, 1953년)의 주인공인 전직 총잡이 셰인은 결말 시퀀스에서 옛 애인과 그녀의 가족을 지키기 위해 다시 총을 들기로 결심하고, 몸소 불의에 맞서려는 그녀의 남편을 힘겹게 때려눕힌 뒤에 (그래서 그녀를 제대로 감동시킨 뒤에) 홀로 결투에 나서 악당들을 차례로 사살한다. 그러고는 돌아오라는 그녀의 어린 아들의 외침을 뒤로 한 채 부상당한 몸을 말에 싣고 위태롭게 그러나 묵묵히 황야로, 석양 속으로 멀어져 간다.[41] 이런 셰인이 근대판 랑슬로라면, 자욱한 최루탄 연막 속에서 친구의 품에 몸을 맡기고 피 흘리며 의식을 잃어가는, 너무 아름다워서 더욱 슬픈, 영화 속 청년은 그 현대적·한국적 재현이라 할 만하다. 물론 1987년, 아니 2017년의 숙녀는 기사의 희생을 통해 성장하고 영화는 그녀가 시민들의 선봉에 서서 독재 타도를 외치는 것으로 막을 내린다. 하지만 (봉건주의든 자유주의든 민주주의든) 이데올로기가 로맨스를 요구할 때 여성이 소환되는 패턴은 크레티앵의 시대에서 우리 시대에 이르기까지 크게 달라지지 않았다. 로맨스 여주인공은 필히 폭력/강간의 위험에 노출되며 그런 그녀를 구출하는 남성은 보상으로 사랑받을 자격과 당위성을 획득한다. 그리고 명예라는 이름으로 자신의 남성성을 공인받는다.

지금 우리가 중세 로맨스를 읽는 것은 근대의 퇴행성이나 로맨스 장르의 젠더 편향성을 규탄하는 것이 새삼 긴요하기 때문이 아니다. 문학은 현실을 반영하되 있는 그대로 반영하지 않는다. 현실을 이리저리 굴절시키고 때로는 뒤집어서도 재현하는 것이 문학의 속성이다. 따라서 로맨스 장르에서 포착한 흐름을 근거로 중세에서 근대로 이행하면서 여성의 지위가 퇴보했다고 주장할 수는 없다. 크레티앵의 뤼네트와 테니슨의 리네트의 차이를 단순히 진화론이나 역진화론의 관점에서 설명할 수는 없는 일이다. 문학적 재현 방식의 변화는 사회의 구조적 변화와 밀접한 연관이 있지만 둘 사이에 결코 쉬운 등식은 성립하지 않는다. 그렇다고 로맨스가 '소비자'에게 끼치는 영향이 무조건 부정적이라고 예단할 일도 아니다. 기념비적인 문화 연구 저작 『로맨스 읽기』(Reading the Romance)에서 재니스 래드웨이(Janice Radway)는 농촌 주부 독자층에 대한 설문 조사와 심층 면담을 토대로 (선정적이고 틀에 박힌 대중소설의 대명사인) 할리퀸류의 로맨스가 의외로 여성의 자립과 자의식 형성에 도움이 된다고 주장한 바 있다. 래드웨이는 "로맨스 소설이 여성을 결국 가부장제 사회와 화해시키고 그 사회 제도 안으로 재통합시키기에 이데올로기의 현 상태를 유지하는 데 적극적으로 관여하는 것이 틀림없다"고 인정하면서도[42] 여성 독자의 로맨스 읽기가 저항적 행위로서 갖는 의미를 강조한다. 래드웨이에 따르면 로맨스를 읽는 동안 여성은 "결혼 제도 안에서의 지위에 의해 자신에게 부과된 타자 지향적 사회 역할을 거부하는 것"이 가능해지고,

"자신의 이익이 흔히 타자의 이익과 동일시되고 자신이 가족에 의해 제멋대로 훼손당하는 공공재로 정의되는 일종의 격투장 안에서 자기 자신에 집중하고 혼자만의 공간을 만들어내는 것"이 허용된다.[43] 무엇보다 여성 독자는 기존 질서에 대한 '만족감'이 아니라 "불만과 갈망, 저항감" 때문에 로맨스를 읽으며 로맨스를 통해서 유토피아적 대안을 상상하게 된다.[44] 그래서 래드웨이는 우리가 "이 미약하지만 정당한 형태의 저항을 간과하지 않는 법을 배우는 것이 절대적으로 중요하다"고 역설한다.[45] 그녀의 책 초판이 출간된 지 35년 가까운 세월이 흐르는 동안 로맨스 장르 안팎에서 많은 것이 변했지만, 이 통찰은 다양한 매체를 통해 로맨스를 맹렬히 소비하는 21세기 한국의 여성 독자/시청자/관객에게도 적용될 여지가 있다. 우리는 로맨스가 계속 팔리고 로맨스 구매자 다수가 여성인 현실을 마냥 비난할 수는 없다.

　　우리가 중세 로맨스를 읽는 것은 뻔한 말 같지만 서양에서 유래한 이 낡은 문학 장르가 '현재성'을 지니기 때문이다. 이때 현재성은 단순히 장르가 수명을 다하지 않아서, 즉 '후손'이 목하 생존 중이어서 보장되는 것이 아니다. 과거의 텍스트에 현대적 해석을 일방적으로 덧씌운다고 생기는 것은 더더욱 아니다. 문학의 현재성은 보편적이거나 본질적인 것이 아니라 역사적으로 구성되는, 교섭 가능한 것이며 따라서 과거와 현재 간의 부단한 대화와 협상을 전제로 한다. 과거의 텍스트를 존중하면서 현재의 주체에게 유의미한 해석을 끌어낼 수 있을 때, 즉 자아와 타자 사이의 간격을 좁히되 지우려 하지 않을 때, 그래서 그 간격 또한 의미로 이어질 수 있을 때 문학 읽기가 현재성을 띨 수 있다. 거꾸로 말하면 문학 텍스트의 현재는 더 이상 유의미한 해석을 생성할 수 없을 때 종결된다. 지금껏 크레티앵이 고안한 로맨스 문법의 이중 구조와 그 근현대적 변천 과정을 살펴보고 이런저런 대중문화 텍스트를 맛보기로 분석한 것은 서양 중세 로맨스, 나아가 서양 중세 문학에 과연 어떤 현재가 있는지 그 '실물'을 제시하기 위해서였다. 학문으로서의 문학은 윤리적 당위성을 설파하지 않지만, 자아와 타자, 인간 주체와 제도/이데올로기 간의 공정한 관계 맺기를 끝없이 모색한다는 점에서, 그러면서도 인간사의 실타래에서 비어져 나온 감정 한 올 한 올을 가볍게 다루지 않는다는 점에서 그 어떤 학문 못지않게 윤리적이다. 중세 로맨스는 우리가 사는 '아름다운' 세상과 우리의 '멀쩡한' 정신세계의 이면을 비추는, 과거에서 온 마법 거울과도 같으며, 이 거울을 통해서 우리는 서양의 중세가 우리 현재의 일부임을 확인하고 우리의 윤리적 성찰에 넓이와 깊이를 더할 수 있다. 현재와의 끈을 놓지 않으면서 중세 문학을 제대로 공부하는 것, 지금의 '내' 위치를 끊임없이 살피면서 수백 년 전 서양의 과거로 몰입하는 것은 여간 힘든 일이 아니다. 바로 그런 이유로 중세 문학은 우리의 쉬운 공감과 감정 이입을 저지한다. 하지만 바로 그런 이유로 우리를 깨어 있게 하고 지적 나태함에서 구출한다. 물론 문학이라서 당연히 따라붙는 프리미엄도 있다. 문학을 통해 낯선 세상과 사람들을 접하고 그들의 생각과 감정을 엿보는 경험은 독자에게 그 자체로서 보상이 된다. 그 경험이 색다르면 색다를수록 보상은 그만큼 더 특별해진다.

     미래는 현재에 현재가 쌓여서 이루어진다. 그러므로 현재의 의미를 부단히 창출하는 것이 문학 텍스트의 미래를 만들어가는 길이다. 누군가는 더 근사한 그림을 내놓을 수도 있을 것이고 필자 또한 그러고 싶은 욕구가 없는 것은 아니지만, 이 글을 구상하면서 작은 현재를 만들어 보여주는 것, 즉 소소하게 '오늘을 잡는 것'(carpe diem)이 문학의 미래를 설계하는 가장 미시적이지만 가장 근본적인 방법이라는 생각이 들었다. 문학 교육과 연구를 소명으로 삼는 이가 오늘을 잡기 위해서는 교육자로서 할 일과 연구자로서 할 일이 있겠으나 그 중간 어딘가에서 교육자 겸 연구자로서 조금 다른 청중과 독자를 대상으로 할 조금 다른 일 또한 있을 것이다. 이 중간이 양끝과 긴밀히 소통할 때 비로소 우리는 지금 이 땅에서 먼 나라의 먼 과거를 읽고 배우고 가르치고 연구하는 정당성을 확보할 수 있다. 이 글은 필자가 골수 중세 학자로서 바로 그 중간 지대를 바라보고 쓴 것이다. 셰익스피어는 "필멸의 슬픈 운명" 앞에서 한없이 나약한, "한 떨기 꽃보다 힘이 세지 못한" 아름다움과 "여름의 꿀 같은 숨결"을 보존할 묘책을 고민한 바 있다.[46] 17번 소네트까지 '자손'을 낳는 것이 "시간의 낫"에 맞설 유일한 길이라 주장하던[47] 시인은 18번 소네트부터 시를 통한 영생을 해답으로 내놓는다. 인간과 자연은 유한해도 문학은 영원하다는 그의 신념은 소네트 연작이 진행됨에 따라서 조금씩 흔들리는 것이 사실이나, 답이 들어갈 마지막 두 행을 비워둔 126번 소네트가 암시하듯이 그래도 그에게는 문학을 대체할 마땅한 대안이 없다. 물론 셰익스피어의 해법은 어디까지나 비유적이고 시적인 것이다. 재현으로서의 문학이 영속한다 한들 재현 대상인 삶이 물리적으로 영속할 수는 없기 때문이다. 하지만 어떻게 문학의 미래를 만들 수 있을지 누군가 묻는다면 셰익스피어식 접근이 가장 직접적이고 실제적인 방법이라고 답할 수 있을 듯하다.

> 어떤 힘센 손이 시간의 빠른 발을 저지할 수 있는가?
> 그가 아름다움을 유린함을 누가 막을 수 있을까?
> 아, 아무도 없네. 이 기적이 힘을 얻어
> 검은 잉크 속에 내 사랑이 밝게 빛나지 않으면.[48]

'아름다움'에 문학을, '검은 잉크'가 만드는 '기적'에 문학 읽기와 담론화를 대입해 달라는 당부로 이 글을 맺는다. 필자가 쓴 글들이, 앞으로 쓸 글들이 힘을 얻어 "검은 잉크 속에 내 사랑이 밝게 빛나"기를 소망하며.

1. John Dryden, "Alexander's Feast," in vol. 1 of *The Norton Anthology of English Literature*, edited by Stephen Greenblatt et al., 9th ed. (New York: Norton, 2012), ll. 12-15, 16-19.
2. *Shrek*, directed by Vicky Jenson and Andrew Adamson (DreamWorks, 2001).
3. Rebecca Traister, *All the Single Ladies: Unmarried Women and the Rise of an Independent Nation* (New York: Simon & Schuster, 2016), p. 2.
4. Dryden, "Alexander's Feast," ll. 10-11.
5. 페로 판의 제목은 「잠자는 숲속의 미녀」("La belle au bois dormant"), 그림 형제 판의 제목은 「들장미」("Dornröschen")다.
6. *Sleeping Beauty*, directed by Clyde Geronimi (Walt Disney, 1959).
7. 앨콧(Louisa May Alcott)의 『작은 아씨들』 2부작은 1868-1869년, 몽고메리(Lucy Maud Montgomery)의 『녹색 박공 집 앤』 6부작은 1908-1939년, 와일더(Laura Ingalls Wilder)의 『초원의 작은 집』 8부작은 1932-1943년에 출간되었다. 조와 앤, 로라는 각각 시리즈 2부(1869년), 5부(1917년), 8부(1943년)에서 결혼식을 올린다. 결혼 여부에 종속되는 여성 인물의 운명을 논하면서 트레이스터는 이 작품들 말고도 『설득』(*Persuasion*, 1818년), 『제인 에어』(*Jane Eyre*, 1847년), 『주홍글자』(*The Scarlet Letter*, 1850년), 『막대한 유산』(*Great Expectations*, 1861년), 『시스터 캐리』(*Sister Carrie*, 1900년), 『환락의 집』(*The House of Mirth*, 1905년) 등 영미권 근대 소설들을 언급한다.
8. Chrétien de Troyes, *Le chevalier de la charrete*, edited by Mario Roques (Paris: Librairie Honoré Champion, 1983), ll. 1228-29. 영어 번역은 David Staines, trans., *The Knight of the Cart*, in *The Complete Romances of Chrétien de Troyes* (Bloomington: Indiana UP, 1990), p. 185를 참조할 것.
9. Chrétien, *Chevalier de la charrete*, ll. 1299-1301; Staines, *Knight of the Cart*, p. 186.
10. Chrétien, *Chevalier de la charrete*, ll. 1302-16; Staines, *Knight of the Cart*, p. 186. 필자 강조.
11. Kathryn Gravdal, *Ravishing Maidens: Writing Rape in Medieval French Literature and Law* (Philadelphia: University of Pennsylvania Press, 1991), p. 2.
12. Gravdal, *Ravishing Maidens*, pp. 3-4.
13. 교황 알렉산데르(Alexander) 3세가 1163년 반포한 교령은 "축성(祝聖)이나 성관계의 완성 없이 현재 시제로 구술된 단순한 동의"도 결혼을 구성하는 충분조건이 될 수 있다고 규정한다. Frederick Pollock and Frederic William

Maitland, *The History of English Law before the Time of Edward I*, 2nd ed. (Cambridge: Cambridge University Press, 1898; Indianapolis: Liberty Fund, 2010), p. 390.
14. Gravdal, *Ravishing Maidens*, pp. 8-9.
15. Chrétien, *Chevalier de la charrete*, ll. 272-73; Staines, *Knight of the Cart*, p. 173.
16. Chrétien, *Chevalier de la charrete*, ll. 4588-89; Staines, *Knight of the Cart*, p. 226.
17. Chrétien de Troyes, *Le chevalier au lion*, edited by Mario Roques (Paris: Librairie Honoré Champion 1982), ll. 3326-28; Staines, *The Knight with the Lion*, in *Complete Romances*, p. 296.
18. Chrétien, *Chevalier au lion*, l. 4050; Staines, *Knight with the Lion*, p. 305.
19. Chrétiens, *Chevalier au lion*, ll. 1777-80; Staines, *Knight with the Lion*, p. 278.
20. Chrétiens, *Chevalier au lion*, ll. 1436-38, 1442-43; Staines, *Knight with the Lion*, p. 274.
21. 이 네 쌍의 남성 '커플'은 서양 고대와 중세를 대표하는 서사시인 『일리아스』, 『아이네이스』(*Aeneis*, 기원전 29-19년), 『베오울프』(*Beowulf*, 750년경), 『롤랑의 노래』에 각각 등장한다. 군신 관계인 베오울프와 위일라프를 제외한 나머지 세 쌍은 모두 동료/전우 사이다.
22. 여주인공을 보호·포위하는 악은 애니메이션 『잠자는 미녀』에서처럼 여성으로 젠더화될 수도 있지만, 전형적인 구출 판타지에서 동성 간의 잠재적 경쟁 또는 그런 경쟁에 대한 기대감이 남성의 욕망을 추동하는 것만은 분명하다.
23. Traister, *All the Single Ladies*, p. 11.
24. Chrétien, *Chevalier au lion*, ll. 6801-6803; Staines, *Knight with the Lion*, p. 338.
25. Chrétien, *Chevalier au lion*, ll. 2422, 2443; Staines, *Knight with the Lion*, p. 286.
26. Chrétien, *Chevalier au lion*, ll. 2418-19; Staines, *Knight with the Lion*, p. 286.
27. Chrétien, *Chevalier au lion*, ll. 1027-29; Staines, *Knight with the Lion*, p. 269.
28. *Sir Gawain and the Green Knight*, in *The Works of the Gawain Poet*, edited by Ad Putter and Myra Stokes (London: Penguin, 2014), ll. 2457-58, 2460.

29. Sir Thomas Malory, *Le Morte Darthur*, edited by Stephen H. A. Shepherd (New York: Norton, 2004), pp. 688-89.
30. 김현진, 「참수의 윤리: 공포, 여성, 중세 로맨스」, 『안과밖』 35 (2013), p. 37.
31. 김현진, 「참수의 윤리」, pp. 38-39.
32. Malory, *Morte Darthur*, p. 206.
33. Alfred Lord Tennyson, *Idylls of the King*, edited by J. M. Gray (London: Penguin, 1996), ll. 602, 606.
34. Tennyson, *Idylls of the King*, ll. 1386-94.
35. Traister, *All the Single Ladies*, pp. 1, 2. 트레이스터는 결혼과 죽음의 상관관계에 대해서 다음과 같은 견해를 피력한다. "나중에 나는 셰익스피어의 희극이 결혼으로 끝나고 비극은 죽음으로 끝난다는 것을 알게 되었는데, 이것이 결혼을 죽음의 서사적 등가물로 만들었고, 이야기를 닫는 결혼의 힘에 대해 내가 어릴 적 품었던 예감을 입증해주었다." p. 2 참조.
36. 페트루치오와 캐서리나(Katherina), 즉 케이트는 『말괄량이 길들이기』 (*The Taming of the Shrew*, 1590-92년경)의 남녀 주인공이고 비앙카는 케이트의 동생이다.
37. 정신병, 병원, 감옥, 동성애의 의미가 이데올로기적으로 (재)구성되는 과정은 각각 푸코의 『광증과 비이성』(*Folie et déraison*, 1961년), 『병원의 탄생』(*Naissance de la clinique*, 1963년), 『감시와 처벌』(*Surveiller et punir*, 1975년), 『성의 역사』(*Histoire de la sexualité*, 1967-2018년)에서 다루어진다. 『옥스퍼드 영어사전』(*Oxford English Dictionary*)에 따르면 원래 방직업에 종사하는 여성을 가리키던 '스핀스터'(spinster)라는 영어 단어가 '미혼 여성'을 뜻하게 된 것은 17세기 이후, '노처녀'를 뜻하게 된 것은 18세기 이후의 일이다.
38. Traister, *All the Single Ladies*, p. 3.
39. "붉은 글자를 달거나 쓰지 못한 웨딩드레스를 입고 춤추거나 수면제를 과다 복용"하는 여성은 각각 『주홍 글자』의 헤스터 프린, 『막대한 유산』의 미스 해비샴, 『환락의 집』의 릴리 바트를 가리킨다.
40. 『1987』, 장준환 감독, 김윤석·하정우·유해진·김태리·박희순·이희준 출연, (CJ엔터테인먼트, 2017).
41. *Shane*, directed by George Stevens, performance by Alan Ladd, Jean Arthur, and Van Heflin (Paramount, 1953).
42. Janice Radway, *Reading the Romance: Women, Patriarchy, and Popular*

Literature (Chapel Hill: University of North Carolina Press, 1984, 1991), p. 217.
43. Radway, *Reading the Romance*, p. 211.
44. Radway, *Reading the Romance*, p. 215.
45. Radway, *Reading the Romance*, p. 222.
46. William Shakespeare, Sonnet 65, in *Complete Sonnets and Poems*, edited by Colin Burrow (Oxford: Oxford University Press, 2002), ll. 2, 4, 5.
47. Shakespeare, Sonnet 12, ll. 14, 13.
48. Shakespeare, Sonnet 65, ll. 11–14.

탈민족주의 시대 한국학의 방향과 과제: 한국문학 연구를 중심으로

정병설

서론

한국학이라는 말은 아직도 한국에서 다소 어색하다. 한국학이라는 용어는 접근 방향에 따라 크게 세 방향에서 조명될 수 있다. 일단 객관적 보편 개념의 지역학의 하나로서 받아들여질 수 있고, 둘째는 첫 번째 것과 크게 다르지 않다고 할 수 있지만 한국 밖의 한국에 대한 연구를 그렇게 부를 수 있으며, 마지막은 한국 내에서 자국 문화에 대한 연구, 말하자면 종전의 이른바 '국학'을 대치한 개념으로 사용되기도 한다. 전근대 조선에서는 한국어, 한국사 등 한국을 하나의 연구 단위로 삼는 일이 거의 없었으니, 시간으로 볼 때 한국학은 근대의 개념이라고 말할 수 있다. 근대는 민족국가를 중요한 이념적 토대로 삼았기에 근대로 진입하면서 민족문화에 대한 관심이 급격히 높아졌고 비로소 민족을 단위로 그 문화를 본격적으로 연구하는 학문 분야가 생겨났다.

20세기는 국학의 시대였다. 일본, 중국, 한국의 동북아시아 한자문화권에서는 일본학, 중국학, 한국학 대신에 아예 '국학'이라는 말을 쓰기도 했다. 자국의 공용어를 국어라고 하고 자국사를 국사, 자국문학을 국문학이라고 부르면서, 자국 문화의 연구와 교육을 강화했다. 국학은 근대 민족국가를 정착시키는 이념의 역할을 했으므로 그 비중은 다른 어떤 학문 분야보다 높았다. 국학은 우선적으로 연구되고 먼저 지원을 받는 학문 분야였다.

그런데 20세기 말에 이르면서 전 지구적으로 교통과

통신이 비약적으로 발전하고 하부 단위의 교류와 통합이 가속화하면서 종전에 민족이 누렸던 독점적 지위가 낮아졌다. 때맞추어 학계에서도 민족주의에 대한 비판이 활발히 일어났는데, 이는 크게 두 가지 측면에서 진행되었다. 민족이라는 것이 근대에 비로소 생겨난 개념으로 실상보다 과장되었다는 점과 그것이 사회적, 정치적으로는 민족 이외의 다른 요소, 즉 외국인이나 성소수자, 그리고 공산주의자 등 소외자나 체제 비판자들을 배제하거나 억압하였다는 점이다. 그전의 근대에서는 당연히 갖추어야 할 것으로 생각되던 민족 개념이 갑자기 강하게 부정되기 시작했다. 20세기 후반의 세계를 주도한 미국부터 민족국가와는 거리가 있었으니 이는 당연한 문제제기일 수 있다. 이 과정에 종전의 '국학'의 '국'은 편협한 자기중심성을 대표하는 접두사가 되었고, 그것을 바로잡기 위해 객관적인 국명의 사용이 늘었으니, 국학이 한국학이 된 것이다.

    외국대학의 한국학은 당초부터 객관적 개념 또는 외부적 시각의 개념이니 민족주의와 상관이 없지만, 한국 대학의 한국학은 사정이 크게 다르다. 민족주의 이념하에 만들어지고 각광을 받은 학문 분야가 20세기 말 이후 탈민족주의의 대두로 그 의의가 크게 줄어든 상황에 직면한 것이다. 종전에는 한국에 관한 것이라면 분야나 가치를 묻지 않고 중요하게 취급되었는데, 이제는 종전에 중요하게 취급된 것조차 가치를 의심받게 되었다. 이런 상황이니 종전의 한국학은 지속하기 어렵게 되었고 따라서 새로운 방향을 찾지 않을 수 없다. 이 글에서는 20세기 이후 한국에서 한국학의 경과를 한국문학을 중심으로 살펴보고, 탈민족주의 시대 한국문학이 어떻게 연구되고 교육되어야 할지 논할 것이다.

민족주의와 국학

1. 식민지의 민족 보전 교육

민족은 근대를 대표하는 가장 중요한 정치적 개념이다. 근대 시기를 바로 민족국가 형성기라고 말할 수 있으니, 성(城)을 중심으로 한 소지역 중심의 봉건적 통치 체제가 거대한 중앙 집권적 민족국가 체제로 변하는 과정이었다. 프랑스, 영국, 독일, 이탈리아 등이 그렇게 통합되어 갔다. 민족국가는 통합된 강력한 힘을 바탕으로 제국주의 침략의 길로 나아갔는데, 식민지 피지배 지역에서도 대항적 민족주의가 싹트면서 식민지 민족국가가 형성되었다.

한국은 제국주의 침략 시기에 일본의 식민지가 되었다. 일본은 서양 제국주의의 팽창기에 신속하게 근대로 진입하여 메이지 유신을 통해 천황 중심의 민족국가를 만들어냈고, 통합된 힘을 바탕으로 서양 제국주의에 합류하여 조선을 침략했다. 일본을 통해 민족국가를 만난 한국은 민족에 대해 눈을 뜨기 시작했는데, 한국에서 처음으로 근대적 의미의 민족 개념을 사용한 신채호는 역사를 '我와 非我의 투쟁'으로 보았다. 여기서 '아'는 외세에 대항하는 한민족이라고 할 수 있는데, '비아'인 일본 제국주의와 투쟁하면서 '아'인 한민족은 민족주의를 강화해갔다.

자신의 역사관에 민족 개념을 넣은 신채호가 대종교 (大倧敎)에 기울어진 것은 어쩌면 당연한 논리적 귀결일 수 있다. 대종교는 한민족의 시조인 단군을 믿는 민족종교로 '아'로서의 한민족의 시조인 단군을 신앙의 대상으로 삼았으니 한민족을 짓밟은 일제와의 투쟁은 예견된 수순이라고 할 수 있다. 대종교도는 무장 항일투쟁의 최전선에 있었는데, 청산리전투 등을 승전으로 이끈 주역들이 이들 교인이었다. 이런 이유로 대종교도는 일제의 극심한 탄압을 받아 만주 지역에 거주한 수십만의 교인이 학살당하는 참변을 겪기도 했다. 무장 항전이 어려운 상황에 있었던 사람들은 학문 또는 예술의 영역에서 민족적 각성을 끌어내려고 했는데, 언어, 역사, 문학 등 자국문화에 대한 연구에 잠심한 이를 국학자라 불렀다. 모든 국학자가 대종교도는 아니었지만, 국학자 중에 대종교에 기울어진 사람이 적지 않았다. 이런 예로 언어 분야에서는 주시경 등을 들 수 있고, 문학 분야에서는 처음으로 한국문학에 대한 본격적인 저술을 남긴 안확을 꼽을 수 있다. 안확은 1922년 『조선문학사』(1922)를 출간했다. 이런 민족문화의 요소들이 광복을 맞이하여 한국이 본격적으로 민족국가를 형성하게 되면서 민족 구성의 주요한 부분이 되었고 교육에도 적극 활용되었다.

2. 광복 후의 민족주의 교육

광복 후 한국은 분단으로 통일된 민족국가를 만들지 못했지만, 남한과 북한 두 곳 모두에서 민족국가는 피할 수 없는 선택이었다. 민족국가에서는 민족교육을 시행해야 했는데, 이를 위해 교과서를 만드는 일이 급선무였다. 새 시대 국어교과서의 방향을 잡은 대표적인 인물이 이병기이다. 그는 서울대학교 교수로서 미군정청 문교부 편수관이 되어 국어교과서를 만드는 일을 주도했다.

남한의 국가 교육 방향을 주도한 서울대학교는 교육의 이념으로야 완전히 다른 학교이지만 시설이나 체제, 그리고 인원의 부분에서는 1926년 일제에 의해 세워진 경성제국대학을 상당 부분 물려받았다. 서울대학교 국문학과의 초대 교수인 이병기는 한성사범학교 출신으로 경성제국대학과 무관하지만, 이병기가 재직한 학과는 시설과 장서는 물론 인원에 있어서도 상당 부분 경성제국대학 조선어문학전공에 기댈 수밖에 없었다. 한국문학을 근대학문의 일환으로 본격적으로 연구한 경성제국대학의 성과에 기댄 것이다.

1930년 경성제국대학에서는 재학생을 중심으로 조선어문학회가 결성되었는데, 여기에는 중국문학 전공의 김태준을 포함하여 조선어문학 전공의 김재철, 조윤제, 이희승 등이 있었다. 김태준은 『조선한문학사』(1931)와 『조선소설사』(1933)를 출간했고, 조윤제는 『조선시가사강』(1937), 김재철은 『조선연극사』(1939)를 내놓아 한국문학 연구의 초석을 다졌다. 그런데 이들의 연구는 초기 국학자와 활발히 교류하는 데서 나온 것이 아니라 앞 세대와는 상당 부분 단절된 채 경성제국대학의 일본인 교수에게서 배운 근대적 학문의 실증주의 방법론에 바탕을 두고 진행된 것이다.

해방 후의 한국문학 연구는 이런 근대적 문학연구 방법과 국학의 연구 성과를 접목시키며 마련되었다. 광복 후 1948년에는 경성제국대학 조선어문학과 졸업생들이 우리어문학회를 만들어 『국문학사』(1948)와 『국문학개론』(1949)을 잇따라 출간했는데, 방종현, 고정옥, 김형규, 구자균 등이 여기 속했고, 1952년에는 전쟁의 와중에 피난지 부산에서 젊은 학자들이 국어국문학회를 결성하여 연구에 박차를 가했다. 이 시기의 학자로 정병욱, 장덕순, 김동욱, 이능우, 심재완, 최진원, 김기동, 강한영, 이두현, 이우성, 이가원 등을 꼽을 수 있는데, 이들은 대개 서울대학교 출신으로 주요 대학의 교수가 되어 고전문학 연구의 초석을 다졌다.

해방 공간에 서울대학교 교수와 학생으로 적을 둔 학자들 일부가 6.25전쟁 때 북한으로 넘어갔는데, 서울대학교 사대 교수로 있었던 고정옥과 학생이었던 김하명이 대표적이며, 또 졸업생으로 김삼불도 있다. 이들은 북한에서 과학원이나 김일성대학에 자리를 잡고 민속학, 한문학, 판소리 등의 연구를 계속했다. 이들과 그 후예들의 연구 성과는 몇 차례에 걸쳐 공식적인 문학사로 집대성되었다. 1959년 과학원 언어문화연구소 문학연구실에서 편찬한 『조선문학통사』, 1977년 사회과학원 문학연구소의 『조선문학사』, 1994년 사회과학원 주체문학연구소의 전 15권의 『조선문학사』를 북한의 공식적인 문학사로 볼 수 있으며, 최근의 것으로는 2006년 김일성대학에서 간행한 『조선문학사』가 있다.

      남북한 공히 초기 한국문학 연구자들의 민족주의 지향은 뚜렷했다. 문학을 민족문화를 정리하여 민족을 바로 세운다는 생각으로 연구했다. 단순히 문학을 좋아하여 한국문학을 연구한 것이 아니라는 말이다. 광복 이후 반백 년 동안 한국문학 연구는 거의 민족문화 정리의 일환이었다. 늘 사용하는 자기 언어인 한국어를 소리 그대로 옮긴 한글이 한 번도 국가 공식 문자가 되지 못한 역사 속에서, 공식 문자인 한글을 교육하기 위해서라도 사전을 만들고 문학을 정리해야 했다. 전근대에는 문학이라면 한문학만 생각했는데, 그런 역사를 넘어서 처음으로 한글문학이 본격적으로 연구되었다.

      이런 연구방향은 1990년대까지 이어졌다. 1990년대는 1961년 이후의 오랜 군부 독재 체제가 종식되면서 정치적 민주화가 한층 진전된 시기이며 동시에 급속도의 경제성장기를 거쳐 한국 경제가 일정 수준에 이른 때이다. 이런 정치경제적 성장의 이면에는 세계 최고 수준의 대학 진학률을 보인 교육이 있었는데, 이런 교육열은 전국에 수많은 대학을 만들었고 거의 모든 대학에서 한국문학을 가르쳤다. 대학에 국어국문학과가 늘어나자 한국문학을 가르치는 교수가 늘어났고, 교수를 양성하기 위해 대학원 과정이 열렸다. 대학원이 쏟아낸 연구자의 폭발적 증가는 연구 수준을 한층 올렸는데, 그들은 이전에 찾지 못한 새로운 자료를 찾으며 문학사의 그림을 새롭게 그려나갔다. 이런 과정을 통해 민족문화의 정리라는 국가적 과업은 큰 진전을 보았다.

민족주의 비판과 한국학

20세기 전 세계에 불어온 민족주의적 지향은 세기말 즈음에 비판의 도마에 올랐다. 민족주의 비판은 탈민족주의라는 이름으로 불리는데, 대표적 저작 가운데 하나로 베네딕트 앤더슨(Benedict Anderson)의 『상상의 공동체』(*Imagined Communities*)를 들 수 있다. 앤더슨은 민족이라는 것이 근대 이후 사람들의 머릿속에서 만들어진 상상의 공동체이며 역사적 실체가 아니라고 보았다. 한국의 경우를 들어 말하면, 한국이 단군 이후 단일한 민족으로 반만년을 이어왔다는 역사 서술은 근대 민족주의가 만들어낸 허구로 보았다. 한국 민족 공동체의 단일성, 공동성, 통일성이 모두 부정되었다.

  1983년에 초판이 출간된 『상상의 공동체』는 1991년 한국어 번역본이 간행되었다. 이 무렵 국내외에서 앤더슨 외에 홉스봄(Eric Hobsbawm, *Nations and nationalism since 1780*) 등의 저작을 수용하여 민족주의에 대한 비판적 논의가 본격화했다. 1994년 임지현이 『역사비평』 28호에 「한국사학계의 '민족' 이해에 대한 비판적 검토」라는 논문을 게재했고, 1995년에는 한국계 미국인인 임흥순(Henry H. Em) 교수가 시카고대학에서 「민주적 이미지로서의 민족」이라는 박사논문을 제출했다.[1] 임흥순은 근대 이후 신채호 등이 서양과 일본의 영향하에서 민족을 찾아 부각시켰다는 논의를 폈는데, 민족은 오래전부터 존재한 개념이 아니고 근대 이후 발명되었으며, 그것은 그전의 흐릿한 민족 개념과는 차별된다는 탈민족주의적 시각을 보여주었다.[2] 한편 탈민족주의적 시각의 글을 계속 발표해 온 임지현은 1999년 『민족주의는 반역이다』라는 도발적인 제목의 책을 출간하여 학계 내외에 큰 반향을 불러 일으켰다.

탈민족주의적 시각은 수십 년간 민족주의의 신화에 빠져 있었던 우리 학계에 신선한 자극이었다. 그간의 민족주의의 공과를 되돌아볼 시기에 적절한 반성적 사유의 틀을 제시했다. 반성은 종전의 프레임을 허무는 해체의 과정이다. 그런데 해체는 종전의 오류나 과오는 물론이고 공적마저 함께 허물기 마련이다. 탈민족주의의 관점에서 보면, 민족주의는 근본적으로 잘못 만들어진 개념이며, 또한 어떤 면에서는 생겨나서는 안 될 것이었고, 앞으로 계속 유지할 수도 없는 것이다. 마침 소련이 붕괴되어 동서 냉전 체제가 무너지고 중국이 개혁개방을 가속하면서 세계가 하나의 경제적 울타리 속에 들어가는 이른바 글로벌 세계 체제가 구축되는 참이었다. 글로벌화한 세계에서 민족은 낡은 옷이 되어버렸다.

탈민족주의적 저작은 각 분야에서 적지 않지만, 한국 문학 연구 분야에 국한하여 말하면, 김철의 『국민이라는 노예』(2005), 강명관의 『국문학과 민족, 그리고 근대』(2007), 황종연의 『탕아를 위한 비평』(2012)을 대표적인 저작으로 꼽을 수 있다. 이들 저작도 앞선 다른 탈민족주의적 저작과 마찬가지로 민족주의적 시각에서 이루어진 연구와 민족주의에 기반을 둔 타자에 대한 배타적 억압적 성격에 대해 반성을 촉구했다. 한국문학에서 한국, 곧 민족이 언제 어떤 과정을 거쳐 부상했는지, 그리고 근대적 용어로서의 문학은 언제 어떻게 형성되었는지, 그리고 그 과정에서 민족문학은 어떤 정치적 역학 속에 놓여 있었는지를 비판적으로 분석하고 설명했다.

탈민족주의가 민족을 부정하고 민족주의를 비판했지

만 그것들이 바로 사라질 수는 없고 또한 쉽게 부정되고 비판될 수도 없었다. 속으로 들어가 보면 탈민족주의 논자들도 민족을 대하는 방식이 일치하지는 않는다. 임지현의 논문도 민족의 의의를 부분적으로 인정하고 있지만, 던컨 교수는 「전근대 한국에서의 원형 민족주의」와 같은 논문에서 아예 한국의 민족주의는 서양의 그것과는 다르다는 논의를 폈다.[3] 한국에서도 근대적 의미의 민족 개념이 20세기 이후에 형성되었음을 부정할 수 없지만, 그렇다고 한국의 민족 개념이 유럽의 민족 개념처럼 근대에 들어와 새롭게 구축되었다고 볼 수는 없다는 것이다. 한국은 전근대에 이미 상당히 강한 '민족'의 원형적 형태를 가지고 있었다고 보았다. 이런 것을 던컨은 홉스봄의 명명을 따라 원형 민족주의(proto-nationalism)라고 불렀다.

문학 분야에서도 탈민족주의에 대한 반성과 비판이 있었는데, 김홍규의 『근대의 특권을 넘어서: 식민지 근대성론과 내재적 발전론에 대한 이중비판』(2013)이 대표적이다. 그는 황종연, 김철의 선행 저술을 비판하면서 논쟁을 벌였는데, 탈민족주의적 비판이 기본적으로 온당하다고 해도 그간의 민족주의를 전면적으로 부정할 수는 없다고 보았다. 책 제목을 보면 논쟁의 초점이 근대성에 있는 듯하지만, 근대성의 핵심에 민족국가가 자리 잡고 있으므로, 논쟁은 근대성에 대한 것이면서 동시에 민족 개념에 대한 것이다. 근대에 많은 것을 만들었고 많은 것을 이루었지만, 마치 모든 것을 근대에서 만든 것처럼 근대에 특권을 부여한 근대주의자들을 비판한 것이다. 전근대에 이미 근대의 단초가 있기에 근대가 가능했다고 하면서, 근대주의자에 의해 비판된 내재적 발전론을 변증법적으로 계승하였다.

김홍규의 논의는 구체적인 부분에서는 '통일신라론'에서 뜨거운 논쟁이 있었는데, 통일신라가 근대 이후 일본 식민학자들의 발명이라는 윤선태와 황종연의 주장에 대해 이전에도 그런 개념이 있었음을 입증했다.4 근대 학문을 선취한 일본인에 의해 한국사의 일정 부분이 집중 조명을 받았다고 해서 그것을 발견 또는 발명으로까지 보는 것은 과도하다는 것이다. 근대주의자가 통일신라를 근대의 산물로 보는 것처럼 탈민족론자들의 민족을 근대의 산물로 보는데, 통일신라나 민족이나 근대 이후 부각되어 종전과 어느 정도 차별적일 수 있지만 아예 없던 것이 생긴 것처럼 그리는 것은 적절하지 않다는 것이 탈민족주의 비판의 입장이다.

    탈민족주의는 민족주의를 반성적으로 사유하는 데 일정한 공이 있었다고 말할 수 있으며, 민족주의를 넘어서 글로벌 세계 체제로 가는 상황에서 짚고 가지 않으면 안 될 부분이기도 했다. 그러나 엄연히 역사적으로, 현실적으로 존재하는 민족국가와 민족문화를 어떻게 가져가야 할지 이후의 방향을 제시하지 못함에 따라, 결과적으로는 민족문화의 진로를 막으면서 출로를 열지 못한 문제를 드러내고 말았다. 해체주의적 탈민족주의는 자신이 새로 구축한 이념은 없지만 성공적으로 민족주의를 해체시키고 그 연구와 교육의 기반을 흔들었던 것이다. 이에 따라 민족주의를 더 이상 무반성적으로 무비판적으로 강력하게 주장할 수 없게 된 한국학은 새롭게 자기 가치를 규정해야 했으나 아직 방향을 잡지 못하고 있다.

탈민족주의 시대 한국학의 방향

탈민족주의는 국학을 그 자리에 머물러 있지 못하게 했다. 종전의 억압적 배타적 국학은 가치를 인정받을 수 없는 상황이 된 것이다. 한국 것이기만 하면 그대로 교육과 연구의 가치를 인정받을 수 있는 시기는 지났다. 한국문학 연구도 '한국' 작품으로 연구되던 시기에서 오히려 한국 '문학'으로 연구되어야 하는 시대가 되었다. '한국'에 대한 강조가 한국 외의 다른 요소를 배제하고 억압할 수 있음을 안 이상 그것에 방점을 찍을 수는 없는 것이다. 그러나 '한국'을 배제할 수도 없는 것이 현실이다. 역사적으로 한국은 인접한 중국이나 일본과는 독립적인 문화를 유지해왔고, 지금도 엄연히 국경의 높은 장벽이 있으며 탈민족주의 바람이 세차게 몰아왔음에도 불구하고 현실 정치에서는 오히려 민족주의의 벽이 더 높게 쌓이고 있다. 물론 근년에 더욱 많은 외국인이 한국으로 유입되어 급속히 다문화국가가 되고 있지만, 언어 민족주의의 측면에서 생각할 때 한국어 외에 다른 외국어를 공용어로 삼기는 여러 가지 현실적 어려움이 있는 상황이다. 정리하자면 한국은 역사적으로, 현실적으로 민족을 비판적으로 사유하되 부정할 수 없다고 말할 수 있다.

위와 같은 상황에서 한국학은 다음의 두 방향을 가질 수 있다고 생각한다.

1) 한국이라는 집단적 자아에 대한 탐구는 그것이 배타적이고 억압적으로 작동하지 않도록 하는 데에 유의하면서 계속 진행할 필요가 있다.
2) 한국학이 일반 학문, 곧 문화학, 인문학의 일부임을 더욱 강하게 의식할 필요가 있다.

역사적으로 한국은 외국과의 활발한 교류를 통해 성장하였고 그러면서도 문화적 독립을 유지했다. 경제적으로는 물론이고 문화적으로도 한국의 성장에는 외국과의 교류가 필수적이라 할 수 있다. 이러한 교류와 교섭을 통해 살아남은 문화적 독립

체인 한국에 대한 연구는 여전히 유효하다고 할 수 있다. 더욱이 그것은 한국에서 살아가는 사람들에게는 삶을 지탱하는 자존심과 자부심과 연결될 수도 있고, 미래 한국의 방향을 결정하는 중요한 참고 자료일 수도 있다. 탈민족주의 시대에도 한국학은 여전히 유효하고 여전히 중요하다.

민족주의에 기반한 한국학의 시대에는 한국 것이라면 모두 의미 있고 소중한 것이지만, 탈민족주의를 거친 후의 한국학은 의미와 가치에 상당한 제한이 있다. 기초 자료의 정리는 여전히 중요하지만 이제는 스스로 새로운 의미를 부여하지 못하면 종전처럼 나름의 의미를 지니지 못한다. 그냥 한국 자료라는 이유로 한국학의 보호를 입을 수 없기 때문이다. 한국학이 자료 정리를 넘어서 해석의 차원으로 들어가야 하고 가치 부여와 가치 창출로 나아가야 하는 이유가 여기에 있다. 한국학의 가치를 다시 물어야 하는 상황에 임하여 그 근본 가치를 되묻지 않을 수 없다.

한국학의 상위 범주라고 할 수 있는 인문학은 인간 본질과 근원에 대한 탐구라고 할 수 있다. 인간의 인문적 관심은 가장 일차적으로는 자기 자신을 향하게 마련이고 그다음이 자신의 속한 공동체로 향한다. 말하자면 인문학으로서의 한국학은 한국인 또는 한국이 무엇인가 하는 물음을 던져야 한다는 것이다. 한국인과 한국이 어떤 성격과 특징을 가지고 있는지 묻고 답해야 하는 것이다. 한국이 맞닥뜨리고 있는 문제에 대해 종전에 비해 더욱 넓은 조망과 깊은 천착이 필요하다. 그런데 작금 한국학의 현실은 좁은 시야와 표피적인 문제의식이 지배하고 있다.

현재 한국문학 연구 분야를 보더라도 연구논문이 급격히 늘어서 다루지 않은 작품이 없고 거듭 논의되지 않은 작가도 없는 상황인데, 정작 한국과 한국인에 대해 깊이 있는 문제를 제기한 것은 좀처럼 만날 수 없다. 물론 모든 한국문학 논문이 '한국'에만 초점을 맞추지 않겠지만 전체 논문 편수에 비해 그런 문제를 깊이 있게 제기한 것이 별로 많지 않다. 더욱이 논란이 제기되거나 논점이 부각되는 주제를 보면 그것이 거의 자생적인 것이 아니라는 사실에 놀라게 된다. 근대, 민족은 물론 탈민족까지 모두 밖에서 먼저 제기된 문제들이며, 번역, 디아스포라, 검열 등 인기를 모았던 여러 주제 역시 한국 밖에서 먼저 제기된 것들이다. 밖에서 제기된 문제라고 잘못이라고 할 수는 없지만, 문제의 우선순위를 생각할 때 그것들이 한국에서 절박한 물음인가 하면 의심의 여지가 작지 않다. 사람이 여러 곳에 병이 있어 신음한다면 가장 아픈 곳부터, 가장 절박한 것부터 치료해야 하듯이 학문적 문제의 우선순위도 이와 다르지 않다. 남이 아프다고 소리치는 것을 듣고 그제야 자기 상처를 알아차리고 처치하는 것처럼 어리석은 일이 없다. 자기는 남과 다르게 더 큰 곳에 상처가 있음에도 그렇다면 상태가 심각하다.

현실성이 강한 사회과학 분야의 경우를 들어 말하면, 현재 한국은 북한의 핵무기 개발로 촉발되어 세계 어느 나라보다 전쟁에 가까이 접근해 있다. 사회과학의 당면한 과제가 적지 않겠지만 다른 어느 문제보다 우선적으로 논의되어야 할 주제임이 틀림없다. 그런데 이 문제를 소홀히 하고 다른 문제에 치중한다면 이는 전체 연구의 방향이 잘못되었다고 할 수 있다. 마찬가지로 한국학에서 당면한 가장 중요한 문제를 차치하고 다른 문제에 집중한다면 이 역시 연구가 잘못된 길로 가고 있다고 말할 수 있다.

물론 중요성과 절실성에 대한 생각은 연구자 개인이 다를 수 있고, 꼭 문제가 한두 가지에 집중되어야 하는 것은 아니다. 다만 작금의 한국학이 세부적인 대상이나 문제에만 매달리지 말고 크고도 심오한 문제를 끊임없이 제기하며 의미와 가치를 찾되 그것은 기본적으로 자기 성찰에 기반을 두어야 한다는 것이다. 그리고 문제 해결의 방법은 외부에서 가져올지라도 문제제기는 철저히 자기 성찰에 기초해야 한다는 것이다. 물론 문제를 보는 틀도 가져올 수 있고 외부의 자극에서 영감을 얻을 수도 있지만 영감은 어디까지나 영감에 그쳐야지 일체의 문제제기와 구체적인 수순까지 무작정 수입하려 해서는 안 된다는 말이다. 탈민족 논의에서도 한국 민족주의의 역사적 현실은 고려하지 않고 서구에서 만들어진 문제의식으로 무작정 대상을 찌르다보니 실상과 맞지 않는 곳에 상처가 나기도 했던 것이다. 앞서 김흥규의 반론은 이런 문제점을 지적한 것으로 볼 수 있다.

한국학이 얼마나 자기 문제 발견에 소홀했던가 하는 문제를 자기반성을 겸해 한 가지만 소개하기로 한다. 한국의 인문학계는 제2차 세계대전에서 나치의 유대인 학살에 대해서는 비상한 관심을 가지고 연구하고 인용하고 있다. 나치가 죽인 유대인이 몇백만이라고 하면서 가스실을 이용하여 대량으로 학살한 것을 인간성이 극도로 멸실된 중요한 사례로 보고 연구한다. 많은 우수한 연구성과를 인용하면서 한나 아렌트의 '악의 평범성' 등을 들어 나치가 단순한 악인이 아님을 논변하기도 한다. 유대인을 집단 학살에 이르게 한 요인 중에 인종 차별 등도 중요하게 연구된다. 심지어 유대인이 학살되는 와중에 기타 피학살자가 그만큼 된다는 놀라운 사실을 제시하기도 한다. 나머지 피학살자에 집시, 공산주의자, 성소수자 등이 있다고 하면서, 유대인들이 자신들의 피해를 부각하기 위하여 다른 희생자의 존재를 감추려고 해왔음을 말하기도 한다. 연구가 진전되면서 차별의 실상이 더 온전하게 조명된 것이다.

이렇게 깊어진 홀로코스트, 제노사이드, 그 외의 학살 관련 연구를 수용하면서 정작 한국 내의 상황과 문제에는 어두운 것이 한국학계의 현실이다. 6.25전쟁 민간인 학살자의 수를 최근의 통계는 백만 정도로 추산하고 있다. 이 학살의 중요한 특징은 인종 차별과 무관한 자기학살이라는 것과 백만의 사람이 억울하게 죽었는데도 아무도 반성하는 자가 없다는 점이다. 반성은 고사하고 가해자의 고백조차 하나 없다. 최근 민간인 학살에 대한 조사와 연구가 개인과 그의 보조를 받은 국가 기관을 통해 진행되고 있지만, 인문학계에서는 그것에 대한 반성적 움직임이 다른 수입된 연구주제에 비하면 형편없이 약한 실정이다. 더 중요한 것이 덜 중요한 것에 가려 제대로 조명받지를 못한 것이다.[5]

6.25전쟁의 민간인 학살은 오랜 독재 정권의 정치적 억압으로 인해 표출되지 못해서 그랬다고 하더라도, 수년 전 전국민을 혼란과 공황에 빠트린 세월호 사건과 같은 것에도 한국의 인문학을 대표하는 한국학은 적절한 대응을 하지 못했다. 사건의 원인을 찾는 것은 조사기관의 몫이라고 할 수 있지만, 인간이 조직 안팎에서 할 일을 제대로 하지 못하고 피해자와 공감하지 못하는 현실 등에 대한 학문적인 질문과 모색이 나타나지 않는 것이다.

마르크 블로크는 역사학자는 피 냄새를 맡고 사람을 찾는 거인과 같다고 했다. 이는 비단 역사학자의 태도만이 아니다. 인문학자라면 인간의 피 냄새를 찾아가는 것은 당연한 일이다. 6.25전쟁 민간인 학살에 대한 한국학계의 대응을 학살인문학이라고 불러도 좋다. 그리고 세월호 사건에 대한 대응을 재난인문학이라고 할 수 있을 것이다. 한국학계가 탈민족주의 시대에 변화한 환경에 대응하려면 현실에 좀 더 밀착될 필요가 있다. 문제를 밖에서 끌어오려는 태도를 단호히 배격하고, 문제는 반드시 안에서 찾으려는 노력이 필요하다. 그래야 한국학이 탈민족주의 시대에도 그 가치를 인정받을 수 있을 것이다.

결론

세계가 모두 마찬가지이지만 21세기 한국 역시 유사 이래 거의 처음이라고 할 수 있는 새로운 상황을 경험하고 있다. 남한만 해도 10위권의 경제 강국이 되었고, 수많은 외국인이 한국을 찾고 있다. 고립된 한민족이 아니라 유입된 민족들이 한반도에 정착하여 한반도의 민족적 지형도를 바꾸어가고 있다. 더 이상 한국은 한민족의 국가가 아니고 한국문화는 한민족의 문화가 아니다. 더욱이 유입뿐만 아니라 유출도 현재 대규모로 일어나고 있고 하나의 중요한 가능태로 남아 있다. 교통과 통신이 지금처럼 발달되어 있지 않고 다문화, 다민족의 포용적 문화 형태가 존재하지 않던 전근대와 다민족 국가인 미국이 세계 최강국이 된 현대에는 이주의 문제도 다시 고려할 필요가 있다. 이주가 바로 동화로 이어지는 시대가 지났기 때문이다.

다문화 시대에 한국문화는 한국 안팎에서 한국문화의 개념을 수정하게 하지만, 그럼에도 새로운 한국문화가 종전의 한국문화에 대한 전면적 폐기를 의미하는 것은 아니다. 새로운 한국문화의 가장 중요한 부분으로서 전통적 한국문화가 자리를 잡을 수밖에 없다. 다문화 사회는 문화적으로는 다언어 사회에 기반을 둔다고 할 수 있는데, 한국이 다문화 사회가 되었다고 해서 기본 공용어는 여전히 한국어가 될 수밖에 없는 실정이 다문화 시대의 한국문화의 성격을 상징적으로 말해준다고 할 수 있다.

여기에다 동아시아의 정치 역학도 한국문화의 중심성을 더욱 강하게 한다. 주로 탈민족주의에 힘입어 한동안 동아시아 담론이 횡행했으나, 현실은 중국과 일본, 일본과 한국, 한국과 중국의 한 치 양보 없는 각축이다. 동아시아의 이상은 연합과 연대이지만, 실상은 대립과 갈등이다. 적어도 대립과 갈등의 언어가 표층에서 더욱 강하게 작동하고 있다.

탈민족주의 시대의 한국학은 자기 공동체의 역사전통에 대한 탐구를 놓칠 수 없지만, 민족 중심의 아전인수격의 해석을 넘어서서 인문학 일반론과 연결될 수 있어야 한다. 민족 중심의 뜨거운 한국학이 아니라 냉정한 한국학이 되어야 하는 것이다.

1. Henry H. Em, "The nation as Democratic Imaginary", PhD dissertation, University of Chicago, 1995, unpublished.
2. 임흥순의 박사 논문은 무려 근 이십 년이 다 된 2013년에야 책으로 나왔다. Henry H. Em, *The Great Enterprise: Sovereignty and Historiography in Modern Korea*, Duke University Press, 2013.
3. John Duncan, "Proto-nationalism in Premodern Korea", in Lee, Sang-oak and Duk-Soo Park, eds., *Perspectives on Korea*, Sydney: Wild Peony Press, 1998.
4. 윤선태,「'통일신라론'을 다시 말한다—김흥규의 비판에 대한 반론」,『창작과비평』 2009 겨울호. 황종연,「문제는 역시 근대다—김흥규의 비판에 답하여」,『문학동네』 2011 봄(황종연,『탕아를 위한 비평』에 재수록).
5. 필자는 이런 문제의식을 가지고 다음의 논문을 제출한 바 있다. 정병설,「조선시대 차별과 적대의 이해를 위한 시론—구운몽을 중심으로」,『일본학연구』 50, 단국대학교일본연구소, 2016.

인문학의 오늘과
미학의 내일

신혜경

오늘의 인문학을 둘러보며

'인문학 혹은 인문 교육'이라는 주제를 처음 들었을 때, 내 머릿속에 당장 떠오른 것은 일종의 망연함과 당혹감이었다. 지금 여기, 2018년 서울대학교 인문대학에 몸담고 있는 교수들이 또다시 인문학과 인문 교육의 위기와 미래를 논하는 것이 어떤 의미가 있을까. 오랜 시간 깊이 있는 연구를 통해 인문학과 교양교육을 논해온 학자들이 적지 않건만, 이제는 한풀 꺾인 듯 보이기조차 하는 이 논의에 우리는 무엇을 보탤 수 있을까.

국내만 해도 인문대학 학장들이 집단적으로 인문학의 위기를 선언한 1996년 이래로[1] 수많은 학자가 인문학과 인문 교육의 상황을 논하고 나름의 대안을 제시해왔다. 인문학의 새로운 방향을 모색하는 흐름도 다양해서, 이른바 '디지털 인문학', '사회 인문학', '문화 인문학', '저항적 인문학', '실천 인문학', '시민 인문학' 등, 같은 듯 같지 않은 명칭들이 심심찮게 등장했다. 또한 아이러니하게도 지난 몇 해간 국내에서는 인문학의 위기와 더불어 대중적으로는 인문학 열풍이라는 역설적인 상황이 화제가 되기도 했다. 긍정적으로 보자면 이러한 열풍은 한편으로는 2000년대 중반 시작된 대안적 인문 공간의 활성화[2]와 소외계층을 위한 인문 강좌[3]로 대변되는, 강단 인문학의 한계를 벗어나고자 하는 그간의 노력의 결실이기도 하고, 다른 한편으로는 정부의 인문학 진흥 정책이 본격적으로 시행된 〈인문학 대중화 사업〉의 성과로 평가되기도 한다. 어쨌거나 최근에는 도서관과 문화센터, 동사무소, 백화점 등 우리 주변 곳곳에서 인문학 강좌가 '성업 중'이며, 각종 기업, 병원, 법원, 국회에 이르기까지 앞다퉈 수준 높은 인문학 프로그램을 유치하고자 애를 쓰고 있다. 텔레비전과 인터넷 매체를 통해서도 압축적인 고급 지식을 전하거나 가벼운 인문학 정보를 맛깔나게 버무린 프로그램들을 쉽사리 찾아볼 수 있다.

그럼에도 실상 이러한 인문학의 사회적 열풍을 긍정적이기보다는 미심쩍은 눈으로 바라보는 걱정의 목소리가 적지 않다. 'CEO 인문학'처럼 오늘날의 인문학은 이른바 창조경제, 창의경영을 위한 원동력으로서 경제적 가치를 창출해낼 수 있는 아이디어의 원천쯤으로 여겨지거나,[4] 일종의 자기계발이나 자기성찰을 강요하는 일종의 '나르시시즘적 인문학'이 인문학의 대세로 여겨지며 서점의 광고판을 장식한다. 인문학은 성공을 꿈꾸는 사람들에게 또 다른 성공 신화의 씨앗이 되거나 '네 자신을 반성하라'는 채찍이 되고, 그런 꿈조차 허락되지 않은 사람들에게는 '내 곁에 와서 편히 쉬라'는 위로와 치유의 목소리가 된다. 그런가 하면, 이미 많은 것을 가진 이들에게 인문학은 또 다른 품격 있는 사치재가 되어 그들이 가진 자본에 후광을 덧씌우는 수단이 되기도 한다. 결국 이러한 상황은 인문학의 '대중적 열풍' 자체를 또 다른 위기의 징후로 판단하는 목소리를 부추기는 것 같다. 그렇다면 여기서 다시 한 번 인문학의 위기가 도래된 상황을 되짚어보자.

인문학의 위기와 그 대응을 재고하며

흥미롭게도 인문학이라는 명칭과 편제가 정착된 것은 사실상 비교적 최근의 일이라고 한다. 19세기에는 그리 광범위하게 사용되지 않았던 인문학이라는 용어는 주로 고전의 연구를 함의했다. 미국에서 인문학이 현대적 의미로 통용된 것은 20세기 중반이며, 특히 이는 진정한 지식의 토대를 자연과학적 방법에 두고자 했던 실증주의에 대한 반작용으로서 나타난 것이라고 한다.[5] 스테판 콜리니(S. Collini)에 따르면, 이러한 의미에서 인문학은 애초부터 두 가지 특성을 갖게 된다. 하나는 인문학은 과학적 실증주의의 요구에 대한 반작용으로, 대부분의 '과학'에는 해당되지 않는 방어적이고 보수주의적인 성격을 갖는 경향이 있으며,[6] 다른 하나는 그렇기 때문에 인문학은 "거의 언제나 '위기'에 처해 있었다"는 인식이다.[7]

특히 미국은 19세기 말 유럽의 모델을 따라 현대적인 연구대학(Research University)을 설립했는데, 처음부터 미국의 연구대학은 훔볼트(K. W. Humboldt)의 순수한 독일적 이상보다는[8] 경제 성장, 과학적 연구, 재정 경영과 연관되었고 어느 정도 외부의 자금 지원과 밀접히 관련되었다.[9] 특히 국가 지원을 받은 미국의 인문학은 창의적인 개인 연구보다는 미국의 이념, 즉 민주주의적 가치의 교육을 통한 국민 통합이라는 사회 목표에 중점을 두었다. 이런 상황에서 인문학 교과는 일차적으로는 자본주의의 경영 시스템에 적합한 글쓰기 능력과 소통 능력, 비판적 사유, 민주적인 시민의식을 학부생에게 가르치는 장이 되었다. 이처럼 "자율적이지만 순응적인 중산층 전문가, 행정·기업 경영자, 오늘날의 지식노동자를 생산"하려는 국가의 요구가 대학에도 관철됨으로써, 인문학의 본래적 비판성과 급진성은 억압되는 결과를 낳기도 했다. 바람직한 시민은 자율적으로 판단하고 행위할 수 있지만, 정해진 체제의 한도를 넘어서는 비판과 자유는 스스로의 통제에 의해 '자발적으로' 금지되어야 한다. 그러나 다른 한편, 흐르지 않는 물이 썩고 마는 것처럼 변화를 모르는 사회는 살아남을 수 없기에, 적절한 비판과 변화는 오히려 그 사회의 생명력을 연장시키는 처방전이 되기도 한다. 이런 의미에서 국가권력이 요청하는 인문학의 임무는, 딱 그 정도까지만 비판적인 역할을 담당할 수 있는 '건전한 시민'을 만들어내는 것이다. 그럼으로써 인문학과 교양교육은 일종의 공공재로 여겨지며, 한정된 의미이긴 하지만 그 역할을 인정받기도 했다.

　　나아가 전 지구적인 신자유주의와 시장 자본주의가 지배하는 시대에 들어와서는, 이제 대학과 학문의 가치도 경제적 이윤 창출이라는 잣대가 우선하게 되었다. 고등교육은 점차 사유재로 간주되고 점증하는 계산 척도에 의해 대학의 제도적 자율성은 침식되었다. 특히 신자유주의 패러다임과 시장 경제의 논리에 따른 국가 주도의 정책 방향은 대학의 상업화와 기업화, 즉—이매뉴얼 월러스틴(I. Wallerstein)의 표현을 빌리자면—대학의 '고등학교화'[10]를 부추기는 기반이 되었다. 우리나라에서도 구조조정, 통폐합, 특성화, 업적평가, 성과급, 계약제가 작금의 대학정책의 주를 이루어 막강한 영향력을 행사하고 있는 현실을 돌이켜보면, 이러한 상황은 머나먼 이국 땅의 얘기가 아니라 이미 우리의 현실이 되어버렸다.

　　따라서 인문학의 운명은 기본적으로 오늘날의 대학이 처한 이러한 상황과 따로 떼어놓고 생각할 수 없다. 특히 한국의 인문학은 학문 내적으로 분과 체제에 의해 다른 학문과 단절되고 또 학문 외적으로 사회와 단절됨으로써, 외적 상황이 강제하는 이러한 위기에서 가장 취약한 고리가 된다. 그리하여 대학도 교육 '비지니스'가 되는 추세에서 인문학은 한편으로 취업 능력으로 확인되는 경제가치의 창출과 다른 한편으로 사회 문제에 개입하는 현실적 담론의 제시에서 모두 쓸모없는 것으로 공격받고 멸시당한다. 이제, 이러한 인문학의 상황에 대해 도처에서 '비관과 암울의 수사학'[11]이 독버섯처럼 자라난다. 인문학이 부딪히는 위기의 일부는 인문학자 스스로가 인문학의 가치와 정당성에 대해 자신감을 잃고 의심하게 되었다는 사실에서 기인하기도 한다. 인문학의 현실에 대한 그들의 지나치게 냉정하고 야박한 진단과 자조적인 평가는 실상 내밀한 곳에 똬리를 틀고 있는 자만심의 또 다른 표현이긴 하지만, 그들의 상처받은 자존심은 더욱 강한 비관과 암울의 수사학을 확대 재생산한다. 마음 깊숙한 곳에서는 '그래도 상관없어'를 외치면서 말이다.

그러나 다른 한편에서는 빈사 상태에 놓인 인문학을 구제하려는 보다 긍정적이고 자기방어적인 수사학이 등장한다. 여기서는 다양한 스펙트럼에서 인문학의 효과와 영향력을 주장하는 논리들이 나타난다. 그중 한편의 극단에 있는 논리가 앞서 살펴본 CEO 인문학과 같은 관점일 것이다. '인문학은 상상력과 창조성을 키우는 것이며, 이는 결국 기업의 창조경제의 원동력이 될 것이다!' 물론 나름의 수사와 논리로 치장되지만, 모로 가나 기어가나 결론은 '인문학도 돈이 된다'는 것이다. 이보다 덜 노골적이지만 여전히 경제적인 효용성에 입각하여 인문학을 옹호하는 논리들 또한 적지 않다. 이는 진정으로 인문학을 구제하기보다는, 오히려 인문학의 비관과 암울함을 키우는 데 일조할 공산이 크다. 나는 단기적으로 계량 가능하고 측정 가능한 지표를 통해 인문학의 효용성을 주장함으로써 인문학의 위기를 돌파하려는 전략이 충분히 만족스러운 것인지 의심스럽다. 사회적으로 측정할 수 있고 양화될 수 있는 효용성을 강조하는 것은 또다시 도구적 합리성의 지배하에 인문학을 내몰아버리는 것이 될 수 있기 때문이다.

그렇다면 이와는 다른 쪽에서 인문학의 효용과 가치를 찾는 입장은 어떨까. 대표적인 사례로 마사 누스바움(M. Nussbaum)을 들 수 있다. 누스바움은 『학교는 시장이 아니다』에서 인문학과 예술 교육이 터무니없이 폄하되고 있는 상황에서 그 필요성을 역설한다.[12] 인문학은 이윤 창출을 목적으로 하지 않으며 민주주의와 세계시민정신을 육성하는 좋은 수단이 될 수 있다는 것이다. 다시 말해 인문학적 감수성과 예술적 상상력은 타인에 대한 공감과 사랑, 연민과 같은 좋은 정치적 감정을 함양시킬 수 있다. 특히 예술작품은 특정한 '사각지대', 말하자면 권력에 의해, 혹은 무지나 무딘 정신 탓에 시야에서 배제되는 비가시성을 상상하고 사유하는 기회를 제공함으로써 타자와 조화롭게 공존할 수 있는 민주 정신을 일깨워 준다. 요컨대 비판적인 사유능력과 상상적인 공감능력, 세계의 복합성에 대한 이해, 한마디로 '인문학 정신'(the spirit of humanities)이야말로 훌륭한 시민 양성을 가능하게 하는 '인간 계발 패러다임'의 교육적 대안이 될 수 있다는 것이다.[13]

이러한 누스바움의 견해는 인문학과 예술 교육에 대한 강력한 옹호라는 점에서, 특히 예술과 감성 교육의 정치적 중요성을 역설한다는 점에서 상당히 매력적이다. 그럼에도 이는 인문학을 또다시 도구적 의미에서 이해하고 평가하는 것은 아닐까. 이것은 인문학을 경제적 효용성으로 재단하는 것만큼이나 또 다른 의미의 수단적 가치로 평가하는 것은 아닌가 하는 의심이며, 자칫 악용될 경우 왜곡된 인문학 효용론으로 나아갈 여지는 없는가 하는 우려인 것이다. 인문학이 대학 교육뿐 아니라 시민의 품위 있는 삶에서도 중심이 되는 것은 적이 고맙지만, 그러한 도덕적 시민 양성이라는 목적을 위해 "선별"되어야 하는 인문학과 예술을 생각하면 오롯이 달갑지만은 않은 일이다. 실상 누스바움은 "민주주의적 가치들에 확실히 연결되고자 한다면", 예술교육은 "규범적 가치관을 필요로 하며", 그것에 활용되는 작품을 "조심스럽게 선정"해야 한다는 주장을 피력한다.[14] "공감적 상상력은 그것이 인간 존엄성의 평등이라는 관념에 연결되지 않는다면 변덕스럽고 불균형적인 것이 될 수" 있다는 이유 때문이다. 이런 점에서 누스바움의 입장은 유럽의 고전적 인문주의 이상을 전유한 미국식 신자유주의의 하나로 이해되기도 한다. 그 속에서 지극히 낙관주의적인 자유주의적 개인주의의 냄새가 풍기는 것은 기분 탓만은 아닐 것이다.[15]

또한 누스바움의 애초의 이념과는 별개로, 이러한 주장이 국가통합적인 목적을 위해 인문학 교육을 도구적으로 이용했던 과거 권위주의적 국가의 행태로 나아가는 길은 의외로 그리 멀지는 않아 보인다. 과거 일부 엄밀하게 선별된 인문학이 국민국가의 통합적 교양 이념을 제공함으로써 사회적 의미를 확보했던 시절, 우리나라에서도 1970-1980년대 한국사나 국민윤리와 같은 교과목에서 세심하게 선별된 내용이 대학의 필수교양과목으로 설정되었던 때를 돌이켜보면, 그러한 시절이 우리가 꿈꾸는 인문학의 호시절이 아님은 대개 동의할 수 있을 것이다. 인문학이 경제적 이윤을 창출하건, 아니면 도덕적 시민을 양성하건, 측정할 수 있고 재단할 수 있는 '효과'에 의해 평가되는 것은 또다시 그것을 도구적인 것으로 보는 입장을 반복할 위험이 있다. 부연하건대, 나는 인문학의 가치를 정당화하기 위해 외적인 잣대를 가져오는 것에 사뭇 조심스럽다. 특히나 그것이 단기적으로, 계량 가능한 효과를 산출하는 기준이라면 더더욱 그렇다. 그런데 여기서 나는 또 다른 의심이 든다. 이러한 논의를 헤쳐 나가는 데 있어 '인문학'이라는 개념 자체가 여전히 유의미한 것일까.

인문학이라는 개념 범주를 검토하며

실상 '인문학'이라는, 그 실체가 분명히 규정되기 어려운 추상적인 개념을 가지고 논의하는 것에 대해 주저하지 않을 수 없다. 앞서 말했듯 인문학이라는 이름과 편제가 현재와 같은 형태로 만들어진 것이 최근의 일이기도 하거니와, 오늘날 '인문학'이라는 범주에 포함되는 대상이 무엇인지에 대한 합의도 쉽게 도출되기 어렵다고 생각하기 때문이다. 단적인 예를 들자면, 2016년 문체부와 교육부가 합동으로 제정한 〈인문학 및 인문정신문화의 진흥에 관한 법률〉에서는 인문학을 "인문('인간과 인간의 근원문제 및 인간의 사상과 문화')에 관하여 탐구하는 학문으로서 언어학·문학·역사학·철학·종교학 등의 학문과 직관·체험·표현·이해·해석 등 인문학적 방법론을 수용하는 제반 학문 및 이에 기반을 둔 융복합 학문 등 관련 분야"[16]라고 상당히 포괄적으로 정의하고 있다. 이러한 규정은 일찍이 미국에서 1965년에 제정된 미국의 국가 예술인문지원법의 내용과 크게 다르지 않다.[17] 예산 배정과 관련된 규정이라 더욱 그렇겠지만, 이러한 규정하에서라면 통상 인문학으로 분류되지 않던 여타의 학문도 인문학으로서의 자격과 지원을 요청할 수 있음은 예상 가능한 일이다.

이러한 사정은 해외 학자들의 인문학 규정에서도 비슷하게 발견된다. 미국 국립인문학센터(National Humanities Center) 소장을 역임한 바 있는 제프리 하팸(G. Harpham)은 "Beneath and Beyond the 'Crisis in the Humanities'"에서 인문학의 독특한 가정을 세 가지 지점에서, 즉 연구 대상으로서 (광의의) 텍스트, 연구 주제로서 인간성(humanity), 연구 목적으로서 자기이해(self-understanding)라고 설정하고 이러한 시각에서 인문학을 규정한다.[18] 인문학의 연구 대상은 인간인 바, 인간 행위는 직접적으로나 즉각적으로는 드러나지 않더라도 그 심층(depth)에 어떤 의미와 근거를 지니고 있기에, 인간 존재와 행위의 이러한 심층이야말로 인문학적 탐구의 핵심적인 전제 중의 하나라는 것이다.

> 인문학적 이해는 불가피하게 이중적이다—한편으로는 타인의 삶과 사유로 침잠함으로써 일상적 자아의 한계로부터 해방되는 것, 즉 자신의 위치의 상실이며, 다른 한편으로는 우리의 상상력을 강화시키고 향상시키는 작가의 창조행위 속에 대리적 혹은 간접적으로 참여하는 것이다.[19]

따라서 인문학의 핵심에는 인간 경험을 상상하고 해석하고 재현하는 독특한 인간 능력이 존재하며, 무엇보다도 지성과 상상력의 융합이 강조된다. 대략적으로 보아 이러한 이해는 통상 많은 인문학자가 인문학에 대해 사유하는 것과 크게 다르지 않을 것 같다. 예컨대 스테판 콜리니에게 있어서 '인문학'이라는 명칭은 "오늘날 시간과 문화의 장벽을 넘어서 의미의 담지자로 간주되는 다른 인간의 행위와 창조를 이해하기 위한 교과의 집합을 포괄하는 것"이다.[20] 그에게서도 마찬가지로 인간, 의미, 이해와 같은 키워드들이 강조됨을 알 수 있다.

그런데 '인문학'이라는, 실상은 복수의 집합이면서도 마치 동일한 하나의 '본질'을 공유하는 단수처럼 취급되는 이러한 개념은 그 실체가 상당히 모호해 보인다는 것이다. 단적으로, 4차 산업혁명이 유행처럼 거론되는 오늘날의 시점에서[21] '인간에 대한 이해'라는 추상적 규정이 과연 인문학의 고유한 경계와 종적 정체성을 어떻게 밝혀줄 수 있을지 사뭇 미심쩍다. 〈공각기동대〉와 같은 애니메이션에서나 보았음직한 인간과 기계의 혼성체가 인간을 대체하는 트랜스 휴머니즘의 시대가 도래한다면, 문자 그대로 '인간'이라는 규정 또한 변모할 터이고, 과거의 전통적인 인문학을 통해서는 그러한 인간에 대한 이해가 상당히 제한적일 수밖에 없을 것이다. 이는 곧 전통적인 인문학의 무용성을 주장하려는 것이 아니라 그러한 사회에서는 '인문학'이라는 규정성에 포섭될 수 있는 학문의 내용과 방법론이 오늘날과 달리 변화될 수 있다는 것이다. 이런 맥락에서 나는 오늘날에도 여전히 인문학을 삼학(문법, 수사, 변증)과 같은 고전적인 의미의 교양교육(liberal arts)과—실상은 일반교육(general education)의 의미로서—동일시하거나 '고전'(classics)에 대한 교육을 그 자체로 최우선시하는 입장에 대해 동의하기 어렵다.

또한 무엇보다 강조하고 싶은 것은, 인문학의 미래를 진단하는 논의들이 자칫 스노우(C. P. Snow) 식의 '두 문화'(Two Cultures)론의 (전도된) 반복으로 귀결될 수 있음을 경계해야 한다는 것이다. 인문학과 과학을 여전히 이분법적으로 구분한 뒤에, 하나로 뭉뚱그려진 인문학 '전체'의 다름과 우위를 찬양하는 식으로 말이다. 앞에서 인용한 하쾜의 글에서도 압지에 밴 잉크 자국처럼 그러한 흔적이 흐릿하게 남아 있는 것 같다.

인문학자가 도전적으로 그들의 '말랑말랑한'(soft) 교과가 '엄정한'(hard) 과학보다 실제로 더욱 어렵고 더 많은 지성을 요구한다고 주장할 때, 그들은 다른 한쪽의 정신이 부과한 교과에 대해 생각하고 있다. 그것은 양적으로 측정될 수도, 직접 관찰될 수도 없으며, 반드시 자각적이거나 자기일관적이진 않지만 그럼에도 어쨌든 파악되고 이해되어야 한다. 인문학 텍스트에서는 심지어 '사실들'조차도 인간화되고 정신-대-대상 및 정신-대-정신으로 파악되어야 하며, 이러한 어려운 과정은 지성과 상상력을 동시에 훈련시킨다.[22]

나의 요점은 이러한 "인간 이해에 대한 확장과 심화" 혹은 "지성과 상상력의 결합"이 유독 (실은 정체가 불분명한) 인문학의 고유한 업무라고 주장하기보다는, 각자가 연구하는 개별 학문들로부터 ─ 전통적인 분과 체제의 것이든, 아니면 최근의 학제적(Inter-) · 초학제적(trans-disciplinary)인 것이든 ─ 출발하여 인문학의 하나인 그 학문의 의미와 가치를 논하자는 것이다. 이러한 문제의식은 월러스틴부터 백낙청에 이르는 '두 문화론 극복'을 주장하는 논리[23]에 공감하는 입장에 서 있는 것이며, 인문학이라는 개념 범주에서 출발하는 하향식(top-down) 모델이 아니라 철저히 개별 학문으로부터, 그것에 대해 논의하는 방식을 취하자는 것이다. 말하자면 인문학에 대한 '지나친 본질주의'[24]와 섣부른 일반화를 피하자는 취지이다. 요컨대 우리는 인문학 일반이 아니라 바로 '이' 인문학을 논해야 한다.

    그리하여 나는 (복수형으로서의) '인문학'(the Humanities) 전반이 아니라 나의 전공 분야인 '미학'(The Aesthetics)이라는 학문에 대해 말하려고 한다. 그러니까, 적어도 서양의 전통적 관점으로 보자면 철학의 한 분야로서 주변적으로 여겨졌던 미학이라는 학문에 대하여, 교수 정원수에서 서울대학교 인문대학에서 가장 적은 편에 속하는 학과[25]이자 학부에서는 국내 유일의 학과의, 또한 1990년 첫 대학 강의 이래 지금까지 미학 교양과목을 줄기차게 강의하고 있는 여성 교수로서 말이다.

미학의 내일을 추구하며

국내에서 미학이 처한 상황을 가늠해볼 때, 앞에서 언급한 최근 인문학이 겪는 역설적 상황과 엇비슷한 지점이 있다. 언젠가부터 미학이라는 말이 광고 문구의 단골 용어가 될 정도로 사회적으로 대중화되었지만, 학문으로서 미학이 갖는 위상과 전문 연구자의 폭은 그만큼 확장되거나 심화된 것 같지 않다. 서울대학교 내의 상황으로 보자면, 미학과 학부생이나 대학원생의 양적 규모는 인문대학에서 중위권 이상이지만, 전임교수의 수는 여전히 인문대학에서 적은 편이다. 미학 관련 교양과목들은 2000년대 이래 지금까지도 학생들의 상당한 인기를 누리고 있으며, 매년 70강좌 이상의 교양과목이 개설되고 수강생은 5000명에 육박한다. 몇몇 교양과목은 수강신청 전쟁이 일어나고 5-6개씩 분반이 있음에도 수강생들로 넘쳐난다.[26] 그럼에도 안팎에서는 이에 대한 의심과 불신이 들려오는 것도 사실이다.

그런데 미학과 교양과목의 인기에 대한 의심 중의 하나는 미학이라는 학문 자체에 대한 혐의에서 나오기도 하는 것 같다. 철학의 한 분과에 불과한 주변적인 학문이 서울대학교의 교양과목을 이렇게 많이 담당한다는 것이 가당하기나 한가 말이다. 이러한 의구심에 대해 나는 오늘날 미학이라는 학문이 철학의 한 분과를 넘어서 대학의 인문학이 지향해야 할 바를 그 자체로 보여주는 대표적인 학문이라고 말하고 싶다. 미학이 태생적으로 갖고 있는 초학제적 성격, 그것의 비판적 문제의식과 다층적 사유방식, 또한 그 연구대상에 있어서 말이다. 과연 미학이 정말로 그러한가. 원론적으로 돌아가, 미학이 어떠한 학문이었으며 또 어떠한 학문이 될 수 있고 되어야 하는가에 대해 생각해보자.

통상 미학의 탄생은 근대적 주체의 등장을 알리는 신호탄이라고 일컬어진다. 1750년에 독일의 철학자 바움가르텐(A. G. Baumgarten)은 감성적 인식을 다루는 학문을 설정하고, 거기에—그리스어로 지각 혹은 감각의 의미를 갖는 aesthesis라는 단어로부터—오늘날 미학이라 번역되는 Aesthetica라는 학명을 붙였다. 그에게 있어 감성이란 하위인식능력으로서, 사물들의 일치를 인식하는 주의력, 사물들의 차이를 인식하는 예민성, 허구능력으로서의 상상력 이외에도 예견력, 표현력, 통찰력, 기억력 등을 포함한다. 그런데 이러한 감성은 개별적인 나의 감각 및 육체와 관련된다. 구체적인 감각적 현실보다는 초월적 관념세계로의 비상을 추구했던 이성중심주의적인 서구 전통철학의 입장에서 배제되거나 무시되었던 몸의 세계, 지금 여기의 감각적 세계가 온전히 자신의 가치를 주장하며 등장하기 시작한 것이다. 바움가르텐은 감각적 계기를 무시했던 논리학자를 "결함 있는 철학자"라 칭하며, 이에 반해서 감성적 세계에 대한 관심과 사랑을 합리적 인식과 결부시키는 "행복한 미학자"가 될 것을 촉구한다. 구체적인 감성 경험의 풍부함은 추상에서 상실되는 충만함, 생생함, 구체성의 감각을 전달할 수 있기 때문이다. 이러한 감성적 인식의 완전성이 바로 '미'(美)이기에, 감성적 인식의 '학'(學)으로서의 미학은 '아름다운 사유의 기술'이자 '리버럴 아트의 이론'(theoria liberalium artium), 즉 예술의 이론으로 정립된다. 바움가르텐에게 있어서 미학의 의미는 이렇게 감성적 인식에 관한 학문과 예술에 대한 이론이라는 두 측면으로 규정된다. 그러니까 예술이란 실용적 유용성을 갖는 단순한 기예가 아니라 정신적 가치를 표현하는 이성적 학문과 동등한 리버럴 아트의 하나라는 인식, 그리고 여기서 한 발 더 나아가 예술은 전통적인 리버럴 아트와는 달리 이성적 규범의 지배로부터 벗어나는 "자유로운 활동"임을 인식하고 입증하는 도상에서야 비로소 미학이라는 학문이 탄생할 수 있었던 것이다.

이러한 맥락에서 테리 이글턴(T. Eagleton)의 말을 인용하자면, 미학은 "합리성에 대한 일종의 보철술(prosthesis)"이며, "계몽주의적 합리성이 닿을 수 없는 생생한 영역들까지 다룰 수 있도록 확장"하는 것이다.[27] 그리하여 미학은 새로운 시대, 새로운 사회의 삶과 이상에 대한 일종의 청사진을 그려낸다. 그것은 주관적 감정의 변덕스러움과 지성의 가차 없는 엄격함을 화해시키는 제3의 길, 즉 감성과 이성, 육체와 정신, 자연과 자유, 현실과 이상, 개인과 공동체 사이에 흉물스럽게 갈라져버린 틈과 상처를 치유하려는 과제를 안고 태어난다. 진정 아름다운 예술작품은 어떤 외적인 강제에 의한 것이 아니라 그 자체 내의 자율적 원리에 따라 조화롭게 이루어진 것처럼 보이듯, 자유롭고 평등한 인간 주체는 사회 속에서 타율적인 법에 의해서가 아니라 자신의 고유한 법에 의해 자율적으로 살아간다. 그리하여 이러한 시각에서 예술은 인간 주체의 이상적 모델로서 유비되며, 예술가가 예술작품을 창조하듯 그렇게 인간도 자신의 삶을 창조할 것을 요청받는 것이다. 그럼으로써 미적인 것은 "진정한 해방적인 힘"으로, 즉 주체들이 각기 독자적인 특수성을 보존하면서도 동시에 사회적 조화를 이루는 공동체라는 중산계급의 정치적 열망에 유용한 모델을 제공한다. 다시 말해 바움가르텐의 미학은 감각들을 지배하는 한편으로 감각들이 상대적 자율성을 갖고 번성할 수 있도록 하는, 즉 온갖 열등한 힘에 대한 지배를 이성에 귀속시키지만 그 지배가 독재로 전락하지 않도록 하는 지배의 은밀한 욕망과 비전을 담고 있다는 것이다.

그러나 이것이 전부가 아니다. 이글턴에 따르면, 미적인 것은 "애초부터 양날을 가진 모순된 개념"이다.[28]

그러나 보다 효과적으로 식민화하기 위해 육체적 쾌락과 충동에 새로운 의미를 부여하게 되면, 그것들을 부각, 강화시켜 통제할 수 없게 만들 위험이 있다. 관습, 정서, 자발적인 충동으로서의 미적인 것은 정치적 지배와 충분히 잘 어울릴 수도 있다. 하지만 이 현상들은 당혹스럽게도 열정, 상상력, 관능성과 경계가 맞닿아 있으며, 이것들은 그렇게 쉽사리 통합될 수 없는 것들이다. [⋯] 미적인 것이 위험하고 양면적인 사태라면, 그것은 육체에 각인되어 있는 권력에 거역할 수 있는 어떤 것이 육체 안에 있기 때문이다.[29]

다시 말해 미학은 철학의 한 분과로 탄생했지만, 그 출발부터 거역할 수 없는 운명처럼 생생하고 조야한 감각적 세계, 지금 여기의 현실, 억압되고 배제된 것들에 매달리는 지극히 사회적이고 정치적인 성격을 지닌다. 그것은 시야에서 배제된 것들을 무대로 올려놓는 일이자, 언제든 무대 자체를 파괴시킬 수 있는 잠재성을 사유하는 일이기도 하다. 랑시에르(J. Ranciere)의 표현을 빌리자면, 미학 체제는 모든 대립물의 일상적인 연관을 중지시키고 그것을 새로운 모순관계 속에 집어넣는 일이다.[30]

그리하여 나는 보다 일반적인 의미에서 오늘날의 미학이 나가야 할 바를 '사회미학'(Social Aesthetics)이라는 이름으로 지칭하고자 한다. 이는 앞서 제시한 두 문화 극복의 관점, 즉 '과학'에 대한 반대항으로 좁게 설정된 인문학을 넘어서는 새로운, 그러나 '이미 오래된 미래'의 인문학을 지향하는 것이자 현재의 미학적 상황에 대한 비판적 개입을 가능하게 하는 그러한 '관점'을 말한다. 이러한 용어는 사회학적인 경험적 방법론을 미학에 들여오는 좁은 의미의 '사회학적'(sociological)

미학을 지칭하는 것은 아니다. 실상, 사회미학이라는 용어는 일찍이 예술대상의 미학으로부터 포괄적인 상황(환경)의 미학으로 나아가야 한다고 주장한 아놀드 벌리언트(A. Berleant)[31]로부터 기존의 부르디외 식의 환원주의적 연구를 넘어서서 "사회학의 미학적 전환"을 옹호하는 최근 사회학 내부의 이론적 논의[32]에 이르기까지 다양하게 사용되고 있다. 물론 이 글에서 이러한 입장의 세세한 종차를 따지는 것은 불가능하다. 그럼에도 분명한 것은 이미 앞선 미학자들의 선례에서 사회미학의 모범적 사례를 확인할 수 있다는 사실이다. 사회미학은 "미적인 것 자체가 이미 내재적으로 사회적이고 정치적"이라는 명제가 함축하는 것처럼 사회적 조건과 의미를 항시 고려하며, 또 전통미학이 설정한 미와 예술의 경계를 넘어 일상과 환경, 즉 오늘날의 고도로 기술화된 현실 문화에 이르기까지 미학의 경계를 끊임없이 탈주할 것을 요구한다. 그럼으로써 사회미학은 분과체계로 규정된 협소한 인문학의 틀을 끊임없이 횡단하고 위협할 것이다. 그것은 기존의 체제를 유지하고 사회적 통합을 만들어내는 일이 아니라, 시야에서 가려지고 억압된 것을 줄기차게 무대에 올리는 일이며 그럼으로써 끊임없이 새로운 '모반'을 만들어내는 데 개입하는 일이다.[33]

에필로그

모든 학문은 특정한 역사적 시대와 사회 속에서 배태된다. 앞서 인문학이라는 총괄적인 개념이 여전히 유의미한가에 대해 되짚어 보고자 했다. 특히 고전적 인문학이 자율적이고 도덕적인 인간 이성의 힘을 강조하는 인간 개념 및 그러한 휴머니즘적 이상과 관련되었다면, 로봇공학, 나노테크놀로지, 유전공학과 같은 과학기술의 발전이 가져온 21세기의 이른바 포스트 휴먼 상황은 미학에 있어서도 새로운 가능성과 의미를 열어놓는다. 그것은 탈인간중심주의적인, '비인간적인 인문학', 다시 말해 배타적인 인간을 넘어선 모든 생명과 삶의 문제에 관심을 두는 학문이 될 것이지만, 궁극적으로는 그럼으로써 또 다시 인간이란 무엇이며 어떻게 살 것인가라는 해묵은 물음에 직면하게 될 것이다. 그리하여 그것은 정신적 차원뿐 아니라 감성적 차원에 기초하는 탈인간중심적 윤리와 감수성을 발전시켜야 할 것이다. 그러한 미학은 두 문화론을 넘어서 사회과학 및 자연과학과 서로 소통하는 것이 될 것이다.[34]

얼마 전, 1982년 당시 최고의 흥행작 《ET》에 밀려 끔찍한 참패를 보았던 《블레이드 러너》의 후속작 《블레이드 러너 2049》가 제작되었다. 이 영화는 "인간이란 무엇인가"라는 문제를 제기하며 인간보다 더 인간적인 비인간을 등장시킨 예술작품의 계보를 잇는다. 1982년작 《블레이드 러너》의 레플리컨트는 감정과 욕망을 꿈꿀 수 있으며, 2017년 《블레이드 러너 2049》는 감정을 넘어 생명까지 잉태하고 생산하는 레플리컨트의 이야기가 등장한다. 흥미롭게도 두 작품 모두 눈이 주요한 모티브로 등장하는데, 전통적인 서구 철학에서 시각은 가장 지성적인 감각으로서, 눈=정신=주체성이라는 등식하에 인간의 정체성과 유비되었다. 전작에서 인간과 비인간을 판별하는 방식은 기억이나 인지 능력을 확인하는 것이 아니라 눈에 나타난 감정 반응을 보는 것이었다. 즉 홍채 변화를 살펴봄으로써, 인간과 다른 감정 반응을 보이는 레플리컨트를 판별하는 것이다. 무책임하고 비인간적으로 그려지는, 레플리컨트들의 조물주 타이렐 회장이 인간보다 더 인간적인 레플리컨트 로이의 손에 의해 두 눈이 짓이겨져 살해당하는 것 또한 상당히 의미심장하다. 《블레이드 러너 2049》 또한 눈의 거대한 클

로즈업으로 시작되는데, 흥미롭게도 최신 모델 넥서스 9를 생산한 월레스 회장은 앞을 보지 못하며 귀 뒤에 칩을 꽂음으로써 정보를 받아들인다. 인간으로 태어났지만, 어떤 점에서 더 이상 인간적이지 않은 존재이다. 관객들이 인간인 타이렐이 아니라 로이에 훨씬 더 감정이입을 했던 것처럼, 후속작에서도 월레스보다 레플리컨트 K에게 훨씬 더 인간적인 공감을 느끼는 것이다. 또한 전작의 레플리컨트 로이는 그저 생명을 얻기 위해 투쟁했다면, 후속작의 레플리컨트들은 단순한 생명(life)이 아닌 진정한 삶(living)을 살기 위해 분투한다. 한마디로 《블레이드 러너 2049》는 좁은 의미의 인간을 넘어선 존재인 레플리컨트 K의 '나는 무엇인가'라는 정체성 찾기, 즉 '진짜(real)란 무엇인가', '어떻게 살 것인가', '인간다움이란 무엇인가'에 대한 해답 찾기이다. 이 영화 속에서는 '옳은 일을 하는 것'이 진정한 인간다움이라는 하나의 답을 제시하지만 말이다.

      암울한 디스토피아의 미래를 그렸던 《블레이드 러너》 속 2019년의 세상에 비해 2049년의 세상도 더욱 암울하기 그지없다. 과거의 모델과 달리, 신종 넥서스 9는 인간의 명령에 한 치의 망설임도 없이 자신의 목숨을 내바칠 정도로 절대적으로 순종적인 존재로 탄생된다. 그들은 반복되는 구문에 어김없이 복창하는 "기준선 테스트"라는 안정성 검사를 매번 받아야 하는데, 이는 "in the cell-interlinked"라는 복창으로 끝이 난다. 카프카의 주인공처럼 이름조차 없는 K는 좁은 아파트 방에서 유일한 친구이자 애인인 홀로그램 조이와만 관계할 뿐이다. 좁은 방에 틀어박혀 컴퓨터 모니터로만 세상과 소통하는 오늘날의 우리들이 어쩌면 2049년의, 더 이상 어떠한 저항도 잃어버린 채 정해진 임무에 순종하는 신종 레플리컨트의 또 다른 모습은 아닐지 생각해보게 되는 것이다. 만약 그렇다면, 영화 속 K가 던진 문제의식과 탐색 과정은 오늘날의 우리가 풀어야 할 문제이며, 그 속에서 미학은 우리에게 의미 있는 질문들에 답하는 새로운 시각과 대립관계를 보여줄 수 있을 것이다. 이성중심적인 합리성의 논리가 또 다른 파국으로 치닫는 순간, 이제 다시 인간다움이란 무엇인가, 어떻게 살 것인가, 나는 누구인가.

1. 우리나라에서 인문학 위기론이 본격적으로 수면 위에 떠오르게 된 계기는 1996년 전국의 인문대학 학장들의 이른바 '제주 선언'이다. "이성의 회복과 학문의 기반이 되는 인문학이 존폐의 갈림길에 서 있음"을 만천하에 고지한 이 발표문은 특히 인문학 연구와 교육에 대한 정부의 정책적 지원을 촉구했다. 이후 다양한 차원에서 인문학 위기에 대한 논의가 이어져, 2001년 〈2001 인문학 선언〉, 2006년 9월 80여개 인문대학 학장들의 〈오늘날의 인문학을 위한 우리의 제언〉이라는 성명서 채택으로 가속화되었다. 이러한 흐름은 2007년 정부의 〈인문학 진흥 기본 계획〉, 2014년 〈인문정신문화 진흥을 위한 7대 중점 과제〉, 2016년 〈인문학 및 인문정신문화의 진흥에 관한 법률〉의 제정으로 실현되었다.
2. 대표적으로 〈철학 아카데미〉, 〈수유 너머〉, 〈문지문화원 사이〉, 〈다중지성의 정원〉, 〈아트앤스터디〉 등 온·오프라인의 다양한 대안적 인문연구 및 교육 단체의 성장과 활동을 들 수 있다.
3. 대표적으로 〈성공회 노숙인 다시 서기 지원센터〉의 인문학 과정, 〈광명시 평생학습원〉이나 〈경기광역자활후견센터〉 등의 저소득층 대상 인문학 강좌가 있다.
4. 기업의 인문학 열풍을 불러일으키는 데 가장 큰 역할을 한 것은 스티브 잡스일 것이다. 아이패드의 성공은 기술만으로는 충분하지 않으며 "교양교육과 결혼한 기술, 인문학과 결혼한 기술" 때문이었다는 그의 연설은 "스티브 잡스의 인문학 예찬"과 같은 헤드라인으로 신문 지면을 점령했다. 김욱동, 『디지털 시대의 인문학』, 소명, 2015, pp. 130-131.
5. Stefan Collini, *What Are Universities For?*, Penguin UK, 2012, p. 63. 콜리니는 이러한 인문학의 용법이 영국에서는 1940년대와 1950년대를 거쳐 널리 확산되었다고 한다.
6. 스노우(C. P. Snow)가 '두 문화' 개념을 만든 것은 1959년이다. 월러스틴과 리는 "두 문화가 존재한다는 것은 학자들이 일련의 인식론적 전제에 있어 두 개의 서로 다른, 사실상 종종 대립하는 진영으로 스스로를 구분 짓는 경향이 있음을 말하는 것"인데, 통념과는 달리 "근대세계에서 나중에 과학문화라고 불리게 된 것이 먼저 출현했고 인문학적 문화라고 하는 것은 대부분 과학문화의 창조가 빚어낸 결과"라고 주장한다.(Immanuel Wallerstein & Richard E. Lee, *Overcoming the Two Cultures*, Routledge, 2015, pp. 1-2)
7. 영미권에서 본격적으로 인문학의 위기를 다룬 책은 1964년 J. H. Plumb의 *Crisis in the Humanities*라고 한다.

8. 훔볼트는 자유로운 정신을 발현하는 교양인의 양성을 대학의 일차적 사명으로 삼는다. "학생과 교수 모두에게 학문의 자유를 부여하면서 학문 탐구를 위한 교육, 교육을 위한 학문 탐구가 되어야 한다는 베를린 대학의 설립 원칙에서 학문 공동체가 성립되었으며 교육과 연구를 일치시킴으로써 학문 추구를 통한 인간의 완성이라는 인문학의 이상이 구체화되었다."(고부응, 「인문학의 몰락, 대학의 몰락」, 『비평과이론』, Vol. 22, No. 1, 2017, p. 20)
9. Eleonora Belfiore & Anna Upchurch, *Humanities in the Twenty-First Century—Beyond Utility and Market*, Palgrave Macmilan, 2013, p. 8. 또한 박찬길, 「미국과 독일의 인문학 지원정책 연구」, 『경제인문사회연구회 인문정책 연구총서』, 2012를 참조하라. 1862년에 제정된 토지증여 대학법(Land-Grant College Act) 또는 모릴법(Morill Act)은 사회봉사라는 미국 대학 특유의 전통이 생겨난 중요한 계기가 되었다. 이 법은 연방정부가 농과대학과 공과대학의 설립을 촉진하기 위해 토지를 대학에 무상 교부할 수 있게 함으로써, 미국 대학이 대학 바깥의 사회적 요구와 긴밀히 관련되게 하였다.
10. 이매뉴얼 월러스틴, 「대학의 어제와 오늘, 내일」, 『대동문화연구』 63집, 2008, p. 53. 월러스틴에 따르면, 신자유주의와 결합된 대학의 예산 감축은 소수의 전임 교원과 다수의 비정규직 교원의 양분화를 가져왔으며, 후자는 대부분 최소한의 봉급, 대규모의 강의, 더 많은 강의 부담에 시달린다. 이는 이른바 "교원 민주화의 종말"이며, 대학교수와 대학의 명예를 실추시킨다는 것이다.
11. Elenora Belfiore, "The 'Rhetoric of Gloom' v. the Discourse of Impact", 앞의 책, p. 35.
12. 마사 누스바움, 우석영 옮김, 『학교는 시장이 아니다』(*Not For Profit*), 궁리, 2016.
13. 이러한 시각에서 누스바움은 시민의 7가지 자질을 다음과 같이 제시한다. 1) 전통과 권위를 벗어나 검토·성찰·주장·논쟁할 수 있는 능력, 2) 동료 시민을 동등한 권리를 지닌 자로, 목적으로서 인정하고 존중할 수 있는 능력, 3) 타인의 삶에 귀 기울일 수 있는 능력, 4) 한 인간의 삶에 영향을 미치는 다양한 문제들을 제대로 상상할 줄 아는 능력, 5) 정치 지도자의 가능성을 파악하는 현실적 감각과 비판적 능력, 6) 자신의 집단뿐 아니라 전체로서의 국가를 생각할 수 있는 능력, 7) 반대로 자신의 국가를 복잡한 세계 질서의 일부로 인식할 수 있는 능력. (마사 누스바움, 위의 책, pp. 57-58)

14. 마사 누스바움, 위의 책, p. 180. 이하 동일 페이지 인용.
15. 예컨대 그녀가 "민간기부에 의거한 기금조성 체제와 결합된 미국 교육 전통을 감사히" 여기면서 "우리의 교육관과 꽤 잘 맞는 부유한 졸업생을 찾기만 하면 그만"이라고 말하거나, 한국의 법학전문대학원이 "인문교양 교육 위주의 학부교육을 입학요건으로 요구하는", "최고의 법학교육 모델"이라고 칭찬할 때, 그 입장에 선뜻 동의하기 어려운 것도 사실이다. 한국적 상황에서는 이러한 것들이 가져올 수 있는 어두운 그림자를 완전히 간과할 수 없기 때문이다. 실상 법학전문대학원 체제가 이전의 시스템에 비해 더 나은, 진정 훌륭한 인문교양을 갖춘 법조인을 탄생시켰는가는 의심의 여지가 있다. 법학전문대학원 또한 상당히 서열화되어 있는 한국적 상황에서 취업을 위해서는 상위권 로스쿨에 입학해야 하고 또 그러기 위해서는 뛰어난 학부 학점이 필요하기 때문에, 대학 입학 초부터 학점 관리에 연연하는 로스쿨 지망생을 쉽사리 목격할 수 있다. 적지 않은 학생들이 일찌감치 로스쿨 입학이라는 꿈을 세우고 철저하게 학점 관리를 한다. 학점 인플레가 뚜렷한 상황에서도 더 나은 학점을 위해 수업을 중도 포기하거나, 재수강을 위해 (재수강이 가능한 C+로) 학점을 내려달라고 간청하는 경우도 드물지 않다. 또한 서울대학교의 특성인지는 모르겠으나, 자녀 수가 급격히 줄어든 최근에는 부모가 자녀의 진로에 끼치는 영향도 과거에 비해 훨씬 커진 것 같다. 여러 사회적 조건들이 작용한 탓이지만, 오늘날의 청년 세대는 진로에 대한 다양한 고민과 방황을 할 기회를 원천적으로 박탈당하는 경우가 많다. 이러한 상황에서 법학전문대학원 시스템이 인문학의 발전에 그 자체로 득이 된다고 판단하기란 사뭇 조심스럽다.
16. 손정훈, 김민규, 「인문학 현상과 인문학 진흥정책(2007-2014)」, 『글로벌 문화콘텐츠』 23호, 2016, p. 54.
17. "인문학이라는 용어는 다음과 같은 연구를 포함하지만 이에 제한되지는 않는다. 언어(현대 및 고전), 언어학, 문학, 역사, 법리학(jurisprudence), 철학, 고고학, 비교 종교학, 윤리학, 역사, 비평과 예술론, 인문학적 내용을 다루고 인문학적 방법을 사용하는 사회과학의 그러한 측면들, [...] 인간 환경(environment)에 대한 인문학의 적용과 연구." http://www.neh.gov/about.
18. Geoffrey Galt Harpham, "Beneath and Beyond the 'Crisis in the Humanities'", *New Literary History*, Vol.36, No.1, 2005, pp. 21-36.
19. Stefan Collini, *What Are Universities For?*, Penguin UK, 2012, p. 64. "여기서 강조되는 것은 순수하게 통계적 혹은 생물학적 관계로

특징 지어지는 문제가 아니라 개별적 혹은 문화적 독특성을 지닌 문제들이다."
20. 위의 글, p. 34.
21. "4차 산업혁명의 핵심은 사물인터넷과 소셜미디어 등으로 인간의 모든 행위와 생각이 온라인의 클라우드 컴퓨터에 빅 데이터의 형태로 저장되는 시대가 올 것이라는 예측이다." (정재승, "4차 산업혁명 시대, 우리는 무엇을 준비할 것인가?", 『4차 산업혁명의 충격』, 흐름, 2016, pp. 5-9) 1차 산업혁명이 증기를 이용한 기계적 생산을 낳았다면, 2차 산업혁명은 전기를 이용한 대량생산을 개시했으며, 3차 산업혁명은 전기 및 정보기술을 통한 생산의 자동화를 완성시켰다. 4차 산업혁명은 디지로그(Digilogue), 사이버 피지컬 시스템, O2O(Online to Offline) 등으로 지칭되며, 물리학, 디지털, 생물학의 경계가 무너지는 기술적 융합을 가능케 한다. (클라우스 슈밥, "4차 산업혁명의 도전과 기회", 위의 책, pp. 17-28.)
22. Geoffrey Galt Harpham, 위의 글, p. 32.
23. 이매뉴얼 월러스틴, 「대학의 어제와 오늘, 내일」, 『대동문화연구』 63집, 2008, pp. 39-59 및 『지식의 불확실성』, 창작과 비평, 2007 참조. 월러스틴은 1968년 이후 두 문화론을 극복하려는 학문적 움직임이 과학과 인문학, 양편에서 모두 일어났다고 설명한다. 과학계에서는 이전의 지배적인 패러다임이었던 결정론, 환원주의, 이원론에 대한 문제제기가 복잡계 과학을 중심으로 대두되었으며, 인문학 내부에서는 문화 현상의 사회적 내재성을 주장하는 흐름이 등장했다. 월러스틴은 자신의 시각에서 이러한 자연과학과 인문학이 모두 사회과학 영역으로 가까워지고 있다고 판단하며 역사적 사회과학(historical social science)의 수립을 주장한다. 또한 이와 관련하여 백낙청, 「근대 세계체제, 인문정신, 그리고 한국의 대학—'두 개의 문화' 문제를 중심으로」, 『대동문화연구』 63집, 2008, pp. 9-37을 참조하라. 백낙청은 월러스틴의 관점에 기본적으로 동의하면서도 인간의 학문 활동이 원칙적으로 하나의 인문학이 되어야 한다는 관점에서 '삶에 대한 비평'의 역할을 강조한다.
24. Stefan Collini, *Speaking of University*, Verso, 2017, p. 225.
25. 2017년 8월 현재 서울대학교 인문대학 총 16개 학과(국문, 중문, 영문, 불문, 독문, 노문, 서문, 언어, 국사, 서양사, 동양사, 고고미술사, 철학, 종교, 미학, 아시아언어문명학부)에서 미학과는 외국인 교수 한 명을 포함하여 교수 정원 7명이다.

26. 몇몇 교양과목은 수강신청 전쟁이 일어나고 5-6개씩 분반이 있음에도 수강생들로 넘쳐난다. 대표적으로는 〈공연예술의 이해〉, 〈영상예술의 이해〉, 〈대중예술의 이해〉와 같은 과목이 있다.
27. Terry Eagleton, *The Ideology of the Aesthetic*, Basil Blackwell, 1990.
28. 위의 책, p. 28.
29. 위의 책, p. 30.
30. 랑시에르에게서 미학은 교과목 이름이기 이전에, 보다 근본적인 의미에서 어떤 대상을 예술로서 식별해주는 체제의 명칭이다. 또 정치는 감성적 분할의 질서에 대한 재분할의 시도이며, 무엇보다도 공통의 무대 구성, 스스로를 말하는 자로 입증하는 무대를 구성하는 것이다. 그럼으로써 그에게 있어 미학은 곧 정치이다.
31. Arnold Berleant, "On getting along beautifully": ideas for social aesthetics", *Aesthetics in the Human Environment*, 1999, pp. 12-29. 벌리언트는 사회미학의 중심 요소로서 승인, 지각, 감각성, 발견, 독특성, 상호성, 연속성, 관여, 다층성을 들고 있다.
32. 2015년 *The British Journal of Sociology*, Vol. 66, Issue 4의 특별 주제는 '사회미학'(Social Aesthetics)이었다. 편집자 서문에서 새비지(M. Savage)와 올체스(C. Olcese)는 부르디외의 연구를 "미적인 것에 대한 환원주의적" 관점이며 "지나치게 제한적"이라고 비판하며, 의미 생산의 규정되고(embedded) 구현되는(embodied) 과정을 인정하는 사회미학의 임시적 규정을 제공한다. M. Savage & C. Olcese, "Notes toward a 'social aesthetic'", *The British Journal of Sociology*, Vol. 66, Issue 4.
33. '모반'은 서울대학교 인문대학 미학과의 반(班) 명칭이기도 하다. 현행 입학제도가 과별 모집과 광역 모집을 병행하고 있기 때문에, 인문대학 광역 신입생은 학과를 선택하기 전에 각 반으로 나뉘져서 지도를 받는다. 모반이라는 이름은 謀反이기도 하지만 母班으로도 이해할 수 있으니, 참으로 아름다운 이름이다.
34. 로지 브라이도티는 이러한 인문학의 사례를 다수 제시하는데, 예를 들면 "두 문화가 서로 호환되는 지점들"을 찾아내는 연구들, 또는 문화적 재현이나 이미지, 문학적 장치들이 과학에 기여한 역할이나 시각화가 과학에서 수행하는 기능을 다루었던 기존의 연구 등을 거론한다. 로지 브라이도티, 이경란 옮김, 『포스트휴먼』, 아카넷, 2015, pp. 198-210.